Amai e...
não vos multipliqueis

Amai e... não vos multipliqueis

Maria Lacerda de Moura

Mariana Patrício Fernandes (POSFÁCIO)

Copyright do posfácio e das notas © 2022 by Chão Editora

CHÃO EDITORA
EDITORA Marta Garcia
EDITOR-EXECUTIVO Carlos A. Inada

INDICAÇÃO EDITORIAL Margareth Rago
CAPA, PROJETO GRÁFICO E DIAGRAMAÇÃO Mayumi Okuyama
PREPARAÇÃO Márcia Copola
REVISÃO Carlos A. Inada e Cláudia Cantarin
DIGITAÇÃO E COTEJO Maria Fernanda A. Rangel/Centro de Estudos da
Casa do Pinhal
PESQUISA ICONOGRÁFICA Erica Fujito
PRODUÇÃO GRÁFICA E TRATAMENTO DE IMAGENS Jorge Bastos
AGRADECIMENTO Fernanda Grigolin/Tenda de Livros

DADOS INTERNACIONAIS DE CATALOGAÇÃO NA PUBLICAÇÃO (CIP)
(CÂMARA BRASILEIRA DO LIVRO, SP, BRASIL)

Moura, Maria Lacerda de, 1887-1945
    Amai e... não vos multipliqueis / Maria Lacerda de Moura ;
Mariana Patrício Fernandes (posfácio). — São Paulo : Chão Editora, 2022.

    ISBN 978-65-990122-9-7

    1. Anarquismo 2. Emancipação (Filosofia) 3. Feminismo
4. Mulheres — Aspectos sociais 5. Mulheres — Questões sociais e
morais 6. Mulheres na política I. Fernandes, Mariana Patrício. II. Título.

22-102237   CDD-305.42

Índices para catálogo sistemático
1. Mulheres : Questões sociais e morais : Sociologia   305.42
Maria Alice Ferreira – Bibliotecária – CRB-8/7964

Grafia atualizada segundo as regras do Acordo Ortográfico da Língua
Portuguesa (1990), em vigor no Brasil desde 1.º de janeiro de 2009.

chão editora ltda.
Avenida Vieira de Carvalho, 40 — cj. 2
CEP 01210-010 — São Paulo — SP
Tel +55 11 3032-3726
editora@chaoeditora.com.br
www.chaoeditora.com.br

Sumário

10 AMAI E... NÃO VOS MULTIPLIQUEIS

13 Um programa? Declaração de princípios?...

28 PRIMEIRA PARTE — Fora da lei

29 A inteligência tem sexo?

40 Feminismo?

45 O voto

58 A política

61 A política me não interessa

66 A mulher na política?

72 A família

77 A caridade humilha, desfibra a quem dá e a quem recebe

86 SEGUNDA PARTE — O ídolo da honra

87 Desgraçada!

92 Seduzidas e desonradas

97 Nutrição e sexualidade

102 Quem não tiver pecado que atire a primeira pedra

109 Honra de galo

118 TERCEIRA PARTE — A lei de população

121 Sébastien Faure e a lei de população

131 A lei aterradora: a fecundidade da mãe está em relação direta com a mortalidade dos filhos

134 O problema da maternidade

140 Abolição legal do direito de paternidade

142 A "sagrada instituição"

151 Que é emancipação?

156 Uma moral para cada sexo

160 E a escravidão sexual?

162 Sob o aspecto biológico

165 A iniciação sexual para ambos os sexos

172 A solução é individual

182 QUARTA PARTE — Gregorio Marañón e os *Tres ensayos sobre la vida sexual*

183 Tudo, na vida humana, é função de ordem sexual

188 A luta social não é mais a luta física

189 A ânsia de luxo e gozo determinará a desigualdade econômica e social?

192 Na civilização moderna, luta social não é trabalho manual

197 O maior tesouro de sexualidade específica está contido na austeridade

201 Biologia e dinheiro

204 A luta dos sexos

206 O neomalthusianismo na natureza

207 O esporte e o sexo

208 A mulher intelectual e o amor

212 "La educación sexual y la diferenciación sexual"

216 As formas intermediárias dos sexos

221 A diferenciação dos sexos

226 O homem ama o gênero, na mulher. A mulher ama o indivíduo, no homem

234 A mulher de após-guerra contra o homem, no caso de uma nova contenda

261 Posfácio

317 Notas

323 Bibliografia

326 Créditos das ilustrações

Capa da primeira edição de *Amai e... não vos multipliqueis* (1932)

Ao meu querido amigo
A. Néblind
— homem livre, desertor social que se basta a si mesmo
na luta heroica pela subsistência — por um nobre ideal de
solidariedade humana, — o meu livro forte e corajoso —
como um símbolo de esforço do "individualismo da vontade
de harmonia" para uma aspiração mais alta de entendimento
entre os dois sexos.

Jamais uma restrição mental.

MAHATMA GANDHI

Um programa?
Declaração de princípios?...

"Maria Lacerda de Moura ainda não se encontrou a si mesma."[1]

"Desconfio que Maria Lacerda não sabe exatamente o que quer..."

"Pertence a algum partido? Qual é esse partido?"

"Que deseja, afinal essa senhora?"

"Que reforma propõe essa publicista?"

"Qual o seu programa?"

Essas e outras muitas objeções fazem os "críticos" de ataques sistemáticos a tudo quanto escrevo.

E como tais perguntas e tais conceitos se multiplicam no meu caminho, respondo, de maneira geral, aos meus contendores, quiçá obscurecendo ainda mais a sua má vontade de compreensão ou a sua impotência de chegar a outra harmonia diversa da sua harmonia.

Geralmente os que me agridem não me leram. Se me leram, não me quiseram compreender.

Certos agressores cometeram a ingenuidade de confessar não haver lido o livro atacado. Foi o título que os impressionou desagradavelmente. Outros voltam atrás, com coragem, e, confessando o engano, tornam-se meus amigos.

Todos me conhecem pelo que ouviram dizer... de mau...

Houve quem me visse com um facho aceso à frente da multidão que incendiou *Il Piccolo*, descabelada, gritando como possessa, incitando aos estudantes e aos populares. E todos sabem que eu estava em Guararema, a duas horas da capital e que só vim a saber do ocorrido no dia seguinte, pelos jornais da tarde de 24 de setembro.

Uns são inimigos sistemáticos sem nunca me terem visto, sem conhecerem uma só página dos meus escritos.

Alguns me elogiam, se ouvem elogios dos presentes e me atacam agressivamente, se sou agredida... Alguns fogem, quando pressentem agressão, e aparecem para colher os louros... E a maledicência não falta.

E não há meio-termo: ou o entusiasmo incondicional ou a agressão incondicional. E a calúnia.

Que me não encontrei a mim mesma? Quem é que já se encontrou a si mesmo, sob o Sol?

Quem poderá dizer: "Eu sou o caminho, a verdade e a vida"?

As palavras de Cristo foram deturpadas pelos padres. Cristo deveria ter pronunciado esta verdade profunda: *Que cada qual siga o seu caminho, a sua verdade e a sua vida, tal como eu tenho o meu caminho, a minha verdade e a minha vida.*

Quando eu me encontrar a mim mesma serei um Deus realizado. Só se encontraram a si mesmos por sobre a Terra, os padres, os políticos profissionais, os pensadores de rebanho — tontos de vaidade, pesados de orgulho, trôpegos de presunção intelectual, dobrados ao peso dos dogmas e das afirmações categóricas, seguros de si mesmos, infalíveis e jactanciosos.

Só sabem exatamente o que querem — esses políticos, os *profiteurs* da imprensa, os armamentistas, os comerciantes, os industriais, as mensagens dos pais da pátria, os caftens, os "gigolôs", os sacerdotes; a Igreja católica romana, os imperialismos *yankee*, britânico e mussolinesco, o papa, Tacchi Venturi — o chefe dos jesuítas, as associações de *boxeurs*, os militares, o "coronel", as embaixadas diplomáticas, Hitler, L'Action Française...

Todas essas cousas e toda essa gente têm um programa definido, sistematicamente traçado e de realização prática, baseado no dinheiro, no poder ou na astúcia — para engodar aos papalvos, organizar, mobilizar o rebanho social para mais facilmente explorá-lo, mandar, tiranizar, roubar, assaltar, vencer, domar, ganhar, gozar, saquear, salvar...

Todas essas cousas e toda essa gente têm um plano delineado no papel ou no *ring*, sempre *versus*...

Mensagens, programas, apostolados ingênuos ou maroteiros, reformadores, manifestos, cornucópias de esperanças, de liberalidades, promessas de felicidades e bem-estar social — só sabem transbordar os partidos políticos ou religiosos, os demagogos, os oradores populares, os donos da humanidade escravizada: padres, aspirantes a reinos, impérios, repúblicas ou academias, os candidatos às Constituintes... as casas lotéricas, as feiticeiras e as cartomantes...

Não é de agora que se exige de mim um programa ou a ingressão "corajosa" em um partido.

Que me defina! Que sele o meu nome com determinado rótulo, a fim de que possa ter "autoridade"... Que carregue o peso de uma chapeta e o auxílio indispensável de duas muletas sociais. Que me batize finalmente. Preciso completar-me. Fazer parte de um partido é ter amigos e defensores incondicionais. É estar, docilmente, servilmente, domesticadamente ao lado de alguém. É ter valor, portanto, é ter "autoridade"...

Desprezar as muletas e os partidos é ser atacado por todos, é ser "voz isolada", "voz única", "irrefletida", "despercebida" do rebanho social acarneirado no redil da imbecilidade e da covardia.

O "individualista da vontade de harmonia" não faz programa nem para si nem para os outros.

Com relação à minha vida interior, sei o que desejo, sei o que quero.

Com relação à vida social, sou antissocial, nem sei, nem me interessa saber. Destaco os indivíduos do bloco social. Em relação à sociedade, sei o que não quero.

A minha ética repele os partidos, os programas, toda a moral social.

Não sou advogado, não sou político, não me interessa a "populaça de cima" e nem a "populaça de baixo".

Observo, analiso, critico, exalto, não mando, não dirijo, não exijo, nem mesmo peço ou procuro persuadir, não me preocupo com as soluções para os problemas. As soluções ficam bem aos matemáticos, aos sentimentos dos padres e das beatas, à profissão dos advogados e às mensagens prometedoras dos políticos, aos programas sectários fora dos quais não há salvação e aos romances da gente honesta em que são castigados os vícios, em que é premiada a virtude...

Não sou revolucionária no sentido da revolução para uma organização social mais equitativa. Já tive, sim, essa ilusão.

Cheguei, porém, à convicção, ou aprendi a tempo que os homens, em nome do Amor e da Justiça, em nome da Solidariedade Humana, em nome da Fraternidade Universal, em nome da Liberdade, da Igualdade, em nome de Deus, em nome das Cruzadas Religiosas, em nome do ídolo da Honra, em nome do Direito, da Pátria, da Civilização se estraçalham como animais ferozes. Pregando o advento da Paz, fazem as guerras.

Ora em torno de princípios políticos, sob o comando dos reis, dos democratas ou dos padres, ora em torno das religiões, sob o comando dos padres, dos democratas e dos reis — aliados incondicionais de todos os tempos e de todas as pátrias e de todas as nações, — as multidões se trucidam para obter o "bem-estar social", a fim de estabelecerem as fórmulas... da Liberdade, do Amor e da Justiça, em sociedades idealizadas na santa Paz dos seus sonhos de obediência servil...

Convença-me cada vez mais de que "o ódio não mata o ódio, o ódio só morre com o Amor".

A violência é mãe e filha da violência. A guerra só traz a guerra e a revolução é a sementeira de outras revoluções.

Não violência, mas "suprema resistência" às forças negras do passado reacionário.

Não houvesse tanta covardia...

Procuro a minha harmonia interior: é o único programa que me cabe formular.

Mas, tão vasto é esse programa, tão profundo, tão complexo, tão alto, tão nobre, que deixa de se pontificar em um programa para se desdobrar pelo infinito e pela eternidade, além do tempo e para além do espaço.

A Vida não cabe dentro de um programa escrito pela imbecilidade social, não pode encerrar-se em universidades, em academias literárias, científicas ou filosóficas, não pode fechar-se em um partido, em uma doutrina, em um sistema religioso, na moral social.

As necessidades humanas têm as suas origens nas criptas profundas do *Eu* e não são as leis mesquinhas dos homens ou as suas teorias, as suas doutrinas, os seus partidos ou os seus programas que hão de solucionar ou pelo menos definir o problema da Vida.

E os homens, da sua impotência, da sua limitação sensorial, da sua pequenez, da sua insignificância sectarista, da sua miopia, da sua maravilhosa inconsciência, da sua formidável ignorância, da sua ambição desmedida, tecem um padrão de glórias: o heroísmo dos partidos, das seitas, das bandeiras, dos programas.

Quem se não deixa encerrar dentro desses limites — é acuado para a possível domesticidade dentro dos inúmeros redis, sistematicamente divididos em rebanhos a obedecer a determinados senhores ou programas.

O meu programa, repito, seria a busca incessante da minha harmonia interior, é a "vontade de harmonia", e, se às vezes uma nota dessa harmonia canta dentro do equilíbrio harmonioso de outra criatura, realizo uma beleza maior, sonho um sonho mais alto.

Se não consigo essa realização, pelo menos canto dentro de mim mesma esse belo e generoso individualismo, delicado e forte, do meu acordo interior — para uma sinfonia mais empolgante...

"Uma voz foi feita para falar", como o Sol para aquecer e iluminar. Se a minha harmonia choca-se com a brutalidade do ódio ou com o sarcasmo da aspereza rija de outra linha de evolução, que não é a minha, que culpa cabe a mim? Se deturpam, que tenho eu com isso?

Também o Sol, se acende o íris magnífico na gota pura do orvalho ou aquece a velhice enferma ou ilumina o rosto da criança ou as flores da primavera ou se brilha no olhar de fé do idealista ou no róseo de uma face penetrada de juventude e exaltação, também o Sol vivifica o paul e faz viçosa a planta que mata e alimenta o alvo da serpente e aquece a virulência do micróbio da peste.

Essa é a conclusão ryneriana do individualismo da "vontade de harmonia".

Sou humana: é já um programa, o programa universal da solidariedade biocósmica, programa eterno e infinito.

Prefiro dissolver-me no vasto programa da Vida a limitar-me para ser agradável às ambições e à vaidade dos homens, sufocando as minhas aspirações de Liberdade nos programas insignificantes dos partidos, das seitas, religiões, ou da concorrência social sob qualquer aspecto.

Repugna-me o crime de mandar e o servilismo de obedecer.

Só a insuficiência mental pode limitar o horizonte da visão da Vida.

Mas, se a mente humana finita, a razão ou a ciência tem, limitado, o campo desse portentoso raio visual, em compensação, podemos alar os nossos sonhos em hipóteses acariciadoras e imaginar tudo quanto possa alcançar a imaginação em busca do infinito e do eterno, além do tempo e do espaço, através da sabedoria subjetiva, libertadora e humana a que damos o nome de divindade interior.

Para a fatalidade social, o estoicismo — esse "positivismo da vontade", na expressão de Han Ryner.

A tirania social não depende de mim. Não posso, pois, formular programa diante de uma fatalidade "inevitável como a morte".

Mas, as cousas que de mim dependem para não ser algoz ou cúmplice dessa tirania, na medida possível do meu esforço; tudo quanto for alicerçado por sobre o Amor — a lei máxima da gravitação universal concebida pela nossa mente e pela piedade humana: tudo que depende da minha vontade segundo a classificação de Epicteto: minhas opiniões, meus desejos, minhas ações, meu caráter em suma, meus sentimentos — tudo isso — conhecer-me para me realizar, realizar-me "para aprender a Amar", é o que constitui o meu programa.

Não posso, não devo, não quero perturbar a liberdade de outras evoluções, de outros desejos, de outras ações.

Termina o meu direito à liberdade onde, precisamente, começa o direito de outras liberdades.

Procurar iluminar a mim mesma a fim de contribuir para o despertar de outras consciências, para cada qual solucionar, por si mesma, o seu problema, não é exigir a submissão nem pretender impor as ideias ou os sonhos.

O meu individualismo não é o dos "superelefantes" nietzschianos, não é o dominismo da "vontade de poder".

E "em que as desigualdades naturais justificam as desigualdades sociais"?

O programa de um ou da maioria cerceia a evolução de muitos, e, se comete o crime de cercear a evolução de um só, já é atentado à liberdade individual, ao direito humano, de necessidades naturais do homem.

Para os loucos e para os degenerados paranoicos há o recurso das casas de saúde...

O único programa digno do homem livre é a divisa inscrita no templo de Delfos, a que a sabedoria profunda e amorosa de Han Ryner acrescentou "[...] para aprenderes a amar".

E os partidos políticos, religiosos ou sociais incitam as paixões, ateiam o incêndio do ódio e adormecem e sufocam as consciências.

No programa da evolução interior está, em primeiro capítulo o protesto consciente e forte e heroico, em quaisquer circunstâncias, contra as guerras e o cabotinismo das fronteiras e da paz armada e dos pactos Kellogg, o dever de protestar, com todas as forças da consciência, contra todas as causas de conflitos entre os homens.

Por isso, repito: não sou advogado, não sou capitalista, não sou sacerdote, não sou político, não sou acadêmico, não sou comunista nem socialista, não pertenço a nenhuma grei, embora todos os nomes batismais com que me desfavoreçam os críticos.

Não tenho programas para reformas sociais, literárias ou religiosas.

Viver a mente em harmonia com o coração e procurar realizar na vida, a criatura ideal que o cérebro concebe e o coração sente em uma sociedade melhor, viver o que a imaginação generosa é capaz de sonhar no indivíduo superior, humano, é programa inexequível para os que apresentam programas... para os outros.

E a minha mente finita — busca no Eterno e no Infinito da minha vida subjetiva, procura tirar das criptas profundas da superconsciência, essa nota da Harmonia Universal perdida nos abismos de luz e sombra da alma humana.

O programa da Vida em toda a sua plenitude é o programa da Liberdade integral, é o programa do Direito Humano dos que soluçam e cantam e aspiram a um sonho mais alto de Amor e de Beleza.

É o programa da Solidariedade Humana — para a vontade de Harmonia.

Nunca ninguém me viu num bordel num *cabaret* ou num *casino*. Desafio.

E "senhoras" recém-casadas, brasileiras, virtuosas consortes de cavalheiros respeitáveis, da "boa" e da "alta" sociedade, que os frequentam aqui, na Europa ou no Prata, ao lado dos maridos, me têm convidado para ir ver de perto a sociedade *chic* dos bordéis elegantes. Sempre me recusei. Não os conheço. Nem os daqui, nem os de Buenos Aires. E denominaram o meu gesto de puritano... E são eles os puritanos, moraliteístas, defensores da sociedade constituída. Não. Eu me não poderia divertir ao lado da dor inominável da prostituição mascarada de alegria desbordante — na farsa dolorosa da industrialização da carne feminina — exposta nos mostradores dos salões, a sensibilidade e o coração das mulheres pendurados aos arpéus dos magarefes desse comércio desalmado.

Nunca fui, nem mesmo "para estudar"... "para observação psicológica", como vai "toda gente" de espírito...

Para quê?

Conheço por demais até aonde podem ir as misérias humanas, quase sem ter tido contacto com elas.

Meu pobre pensamento me aferroteia na angustiosa inquietação da dor social. Não é mais preciso esverrumar uma chaga que sangra.

Deixo aos cristãos piedosos e caridosos, às senhoras religiosas e aos cavalheiros sérios, aos psicólogos de livros escandalosos, todos defensores da sagrada instituição da família, essa espécie de distração elegante — tomar *champagne* ou dançar nos *cabarets chics* e jogar nos salões dourados da fina flor dos *casinos* de luxo. Os bordéis do *bas-fond*, também frequentados nas grandes metrópoles pelas damas virtuosas das "sociedades de espírito", como os bordéis de alto bordo chamados *club* ou *casino* ou hotéis ou *cabaret* são como atrativos indispensáveis para a ociosidade sensual das famílias bem constituídas, abençoadas pela Religião, registadas pelo Estado. E os intelectuais que os frequentam e que tomam parte em todas essas diversões da "gente de espírito" e "emancipada", são eles os noticiaristas puritanos dos fatos policiais em que delegados fazem "desgraçada" uma menina nas salas de despacho dos comissários da polícia. São eles que denunciam como culpada a mulher assassinada pelo marido, pelo amante ou pelo irmão, porque não soube guardar e respeitar a "honra" de toda a família... São os que enchem a boca com as fórmulas de Deus! Pátria! e Família!

Farsa representada para a imbecilidade milenar dos domesticados da Rotina. E são eles, é a gente de espírito, a gente elegante e "fina", são essas senhoras, as *coureuses* de diversões desse gênero, nos *réveillons*, no Carnaval, nos bailes modernos, são esses mesmos os que fazem a caridade nos salões e sustentam os edifícios sumptuosos dos templos católicos, os Asilos do Bom Pastor (!) e os colégios religiosos, e defendem encarniçadamente a moral dos bons costumes e a sacratíssima instituição da família.

É natural e lógico. A prostituição é um dos esteios mais poderosos da moral religiosa. Às colunas sociais — governos, capital, militares e clericalismo — é preciso acrescentar a coluna central — a prostituição.

É a razão por que toda a sociedade elegante, toda a fina flor do parasitismo dourado espouca *champagne* e brilha o espírito nos salões feéricos onde reinam as prostitutas profissionais e a alta prostituição das negociatas e das intrigas da diplomacia secreta. É no *cabaret*, é no *casino*, é nos hotéis das praias elegantes que as quatro primeiras colunas sociais solidificam a solidariedade das suas fórmulas de defesa: Deus, Pátria e Família!

Apoiam-se na coluna central — a prostituição.

Admirável organização social!

Toda esta sociedade não passa de um imenso bordel de vampiros da consciência e proxenetas da razão humana.

Perscrutar até aonde vai a imbecilidade e o acarneiramento de "toda gente", procurar sentir toda a insolência da perversidade organizada em partidos e programas — para acarneirar, acuar, imbecilizar e explorar — já não será um programa... social?

PRIMEIRA PARTE

Fora da lei

Não há pior escravidão que o erro ativo.
Han Ryner

A INTELIGÊNCIA TEM SEXO?

A civilização fez do homem e da mulher duas raças sociais que se digladiam amorosa e ferozmente.

A natureza ordena que se busquem para uma harmonia maior, para uma harmonia a dois.

A sociedade investe contra o instinto, legalizando para os rebanhos humanos, moralizando as leis naturais...

A razão da mulher foi condenada à prisão perpétua, sob o pretexto de que a emancipação feminina é a causa da destruição do "lar sagrado".

A instituição da família é baseada na ignorância calculada da mulher, no servilismo, na escravidão feminina.

Os corolários são imorais para o farisaísmo dos moraliteístas de beca, sotaina ou espada.

O casamento é armadilha feroz contra o homem e a mulher, e fraude de parte a parte.

É a eternidade do indissolúvel, defendida pelos p.ᵉ Coulet, que se reservam o direito de ficar solteiros para mais facilmente escalar o cercado alheio, sem assumir compromissos ou responsabilidades.

Quanto ao homem, concluiu: para ter a educação completa, precisa conhecer todos os vícios, e não ser piegas...

A morte da razão no cérebro feminino.

A morte do sentimento no cérebro do homem.

O resultado, todos nós o conhecemos, desgraçadamente.

Falso sentimentalismo de gramofone na cabeça feminina.

Nada de razão: inteligência acorrentada aos prejuízos seculares, à rotina, voltada para o passado.

O perfil divino de uma Isadora Duncan, maravilha pelo imprevisto, pela originalidade superior, pela espontaneidade de uma organização individual tão alta que assombra pela grandeza de uma evolução isolada, única, autodidata, e de uma ética, mais alta na beleza de se dar incondicionalmente, numa generosidade criadora de ritmos e de sonhos para a felicidade integrada na liberdade agridoce de viver intensamente a harmonia interior.

Um ser excepcional.

Mas, condenado à inação sob o ponto de vista do raciocínio puro, o cérebro feminino é o reflexo da inteligência do homem.

Pode ser cultíssima a mulher da "alta" ou da "boa" sociedade, pode falar de Ibsen, de Górki ou de Maupassant, de Anatole, de Voltaire, de Zola ou de Mirbeau, de Sinclair, de Barbusse ou de Romain Rolland, pode discorrer em torno do teatro de Bataille ou de Molière, mas, paira à superfície... é católica apostólica romana, não viu a crítica de Voltaire ou de Molière, não sentiu a ironia do autor inimitável de *Thaïs* ou de *L'Île de Pingouins*. É caridosa, piedosa, crente, não sentiu o sorriso de amargura que paira em todas essas obras na análise dolorosa do problema humano ou da questão social.

E nisso mesmo, ainda imita o homem...

Também o homem "culto", mesmo trazendo o peso do canudo de diplomado, com a biblioteca forrada de livros dos melhores autores, continua impermeável dentro da rotina, da tradição, do comodismo.

É o caso dos delegados, magistrados, juízes, promotores, bacharéis em suma, nos interrogatórios imbecis, a julgar ou a interrogar a presos políticos por questões sociais, confundindo as ideias de Marx com as de Bakúnin, perguntando a anarquistas qual a espécie de governo que desejam, após a revolução... (verídico, em São Paulo), e, finalmente, declarando que também ele, delegado de segurança pública, pensa assim, também ele sonha tão altos ideais de uma sociedade anárquico-comunista, apenas não fala... somente não diz em público as suas ideias. E o "camarada", daí em diante, era livre de pensar tudo aquilo, porém, não poderia escrever nem falar...

São literatos, "cultos", viajados, lidos, pensadores de rebanho, vão à igreja, beijam as mãos dos bispos, frequentam as lojas maçônicas e defendem a ordem social constituída.

Não é, pois de admirar que a mulher esteja nas mesmas condições, que repita e obedeça mentalmente. E a mulher ainda tem o que os homens apregoam de necessário para contê-la dentro da moral social: o "freio" da religião.

A civilização desdobra-se em múltiplas necessidades perfeitamente desnecessárias ao bem-estar das criaturas humanas.

Mas, o homem é obrigado a mil movimentos diários e sucessivos para obter o pão e o supérfluo.

Daí, a inteligência a serviço da industrialização de tudo, inclusive do amor e das consciências.

Daí a imbecilidade, daí a vulgaridade, o reinado perverso das democracias, da mediocridade.

E o homem não tem tempo de pensar: repete. Se repete, acovarda-se. Aceita qualquer alimento espiritual proporcionado ao redil humano.

Não discute para aprender. Grita para impor. Não analisa. Incapaz de criar, incapaz de viver subjetivamente, incapaz de conhecer-se, incapaz de realizar-se.

Quer "vencer na vida". E salta por sobre o próximo, na voracidade da civilização.

Matou o sentimento.

E a razão? — Matou também a razão. O homem é máquina. Dentro desta organização social de vampiros e truões, de caftens e João Minhoca acionados todos através dos cordéis do *guignol* dos Césares do poder, da Religião e do Capital, ser "indivíduo" — Homem ou Mulher — é bem difícil.

Diógenes apagaria de vez a lanterna e se refugiaria para sempre, no fundo do tonel, mais céptico que nunca.

As sociedades, as seduções do gozo material, a ambição, os dogmas da família, da religião, da pátria, da civilização, da rotina, dos prejuízos sociais procuram impedir a realização interior.

E é preciso desertar da sociedade — para chegar a tal resultado.

E não é fácil ser antissocial.

Não é heroísmo de fachada o heroísmo do desertor.

Para reivindicar o direito de pensar, o homem ou a mulher tem de saltar por sobre miríades de dogmas, por sobre centenas de ídolos, por sobre milhares de símbolos, de prejuízos, de tradições, por sobre convenções e "verdades mortas", por sobre "as mentiras vitais" da civilização, por cima de todas as fraudes sociais.

E tudo se resume no gesto de arrancar do pescoço o disco de gramofone da *Marcha de Rákóczy* e reivindicar o direito de ter cabeça.

Impossível essa atitude nobre e altiva, se queremos ser "damas" da sociedade, políticos ou acadêmicos, profetas, mestres ou sacerdotes...

Homens e mulheres — discos de gramofone da moral e da ortopneia social.

Equilibrado e harmonioso — o balar do rebanho humano!

Anomalia! Loucura! Loucos os que denunciam os crimes de lesa-felicidade individual, os crimes de lesa-humanidade.

Como é diferente no meu cérebro o conceito da dignidade humana!

Aliás, é uma honra ser classificada por "anomalia" — quando não se quer pisar o semelhante para vencer no *guignol* do trampolim social.

É uma honra essa loucura que não quer pactuar, que não quer ser cúmplice do vampirismo ou do caftismo social.

A realização interior não é apenas questão de inteligência, não é problema de malabarismo de palavras.

A inteligência não depende de cada um de nós: não há mérito na inteligência. O mérito, se pode ser controlado pelos outros, está na coragem heroica do desprezo aos bens materiais, à glória das arquibancadas sociais e ao "que poderão dizer?".

O mérito, se existe, está em não balar junto ao rebanho humano, a voz da rotina e dos prejuízos servis dos domesticados.

O mérito está na deserção.

Consiste em ser antissocial.

É o heroísmo delicioso de ir contra a corrente.

É a coragem de ser "indivíduo" e conservar a dignidade humana em meio da ferocidade coletiva.

E, se a inteligência não tem sexo, muito menos tem sexo a coragem para enfrentar os capatazes do rebanho social e negar-se a pactuar com a brutalidade da civilização das máquinas humanas e dos dólares desumanos.

Quando o homem alia à mentalidade do pensador o sentimento do artista, Tagore, por exemplo — sensibilidade por assim dizer feminina, delicada na sua grandeza espiritual de maternidade ou de piedade humana, ninguém sente a anomalia.

E, de fato, a evolução tem de levar a razão e o sentimento até a harmonia entre a mente e a sensibilidade interior — cérebro e coração — para um sonho mais alto, para uma concepção mais alevantada do problema da Vida.

E quando uma mulher alia à sensibilidade feminina um sentido mais profundo da questão humana e eleva a sua razão a alturas pouco accessíveis ao *boudoir* das preocupações vazias dos ócios masculinos e femininos; quando alça nas mãos o sentimento para fazê-lo pairar à altura da razão, num esforço fantástico, num salto milenar, desde as eras medievais até o século da relatividade e do individualismo ryneriano da "vontade de harmonia", essa mulher não faz mais do que esboçar o tipo futuro no qual cantará o equilíbrio harmonioso entre o sentimento e a razão, entre o pensamento e a vida, — para mais profunda intuição, na escalada de um evolver mais amplo, para uma visão mais pura na fantasmagoria dos sonhos que sobem para as alturas.

Nem a inteligência é privilégio do homem, nem o sentimento é apanágio exclusivo da mulher.

Condenado à inação sob o ponto de vista intelectual, o cérebro feminino é o reflexo da inteligência do homem.

A mulher repete, obedece mentalmente. As suas ideias são convicções do coração... Ela pensa através do sentimento de simpatia ou amor dos que vivem ao lado da sua vida de odalisca ou de besta de carga, animal de tiro ou criadeira inconsciente como a incubadora que recebe os ovos por imposição.

Uma grande amiga costuma dizer-me: sempre estive a serviço...

Sob todos os aspectos da vida, a mulher está a serviço.

Não escapa a essa domesticidade, a essa fidelidade, a inteligência feminina, a serviço da mentalidade masculina.

Na literatura, na poesia, pensadora ou artista, não tem fisionomia própria: está a serviço do passado, da rotina, dos preconceitos religiosos, políticos ou sociais, do modernismo em arte ou dos revolucionários.

Vivemos a civilização unissexual.

Reivindicando os seus chamados direitos, dentro dos partidos, da luta de classes, dos métodos de ação da política reacionária ou revolucionária, é impelida pelo homem, estimulada pelos chefes — está sempre a serviço.

Pouquíssimas no mundo inteiro, raríssimas as que põem a inteligência a serviço da sua própria consciência.

Mas, não acontecerá o mesmo com os homens? São em número elevado os loucos anormais, as "anomalias" que saltam os tapumes do redil social, arrancando da cabeça o disco de gramofone do simbolismo admirável de Andreas Latzko?

São muitos os que souberam positivamente reivindicar o direito de ter cabeça?

São em número considerável os que desprezam o balar harmonioso dos rebanhos da parábola, a louvar os magarefes e os afiadores de facas?

São tantos assim, os que, loucos, antissociais, antipatriotas, antirreligiosos, antissectaristas, antidogmáticos, livram-se de todas as muletas e de todos os escapulários?

A grande maioria dos pensadores de rebanho, impermeável às próprias verdades subjetivas, emparedada dentro do ídolo majestoso da Rotina.

Cultura de rebanho, os diplomas e as glórias das letras, das artes, das ciências, pensadores e filósofos, acadêmicos e doutores — a serviço da ordem social, do massacre humano, da civilização industrial, da concorrência, do canibalismo, do progresso material — todos tocam o disco da marcha vitoriosa das "mentiras vitais", dos ídolos, da tradição, dos dogmas e do "que poderão dizer?".

A covardia mental é a mais poderosa das forças reacionárias.

Respeitar, repetir, louvar — é a palavra de ordem social.

E a mulher é a educadora da infância!

Nas suas mãos está a escola.

E quanto absurdo, quanta cretinice, quanta barbaridade patrioteira, quanta estupidez honrada e virtuosa eu ensinei na escola, à criança e à juventude!

É o que repetem os milhões de professoras pelo mundo inteiro — para a conservação do fóssil do passado reacionário no dominismo dos padres, dos reis, dos democratas demagogos, dos militares e do bezerro de ouro.

Essa é a ordem social e nenhum instrumento mais apto à sua conservação embalsamada do que a mulher.

Chegaremos a tempo de acordar os mortos?...

Aprender a pensar e ter o heroísmo de pensar em voz alta não é privilégio do homem.

É certo: é mais fácil e mais cômodo vender-se à glória de picadeiro e arquibancadas patrióticas e religiosas, à sedução dos aplausos inconscientes das multidões, aos uniformes das academias, às condecorações e títulos honoríficos, ao prestígio social.

Não invejemos os mais belos talentos de subterfúgios, masculinos ou femininos, a serviço das leis, da ordem, da polícia, da sociedade, dos crimes contra o gênero humano.

Pertencer a uma grei, a um partido político, religioso ou social, ser o porta-voz de um dominismo contra outro dominismo — dá prestígio e nimba de celebridade os nomes de advogados e políticos, de acadêmicos e militares, de sacerdotes e profetas.

Nada de muletas.

Nenhuma muleta é capaz de nos trazer a felicidade interior.

A humanidade não soube encontrar ainda a solução para as duas necessidades principais, os instintos predominantes do reino animal e seguiu rumo oposto à sabedoria dos chamados irracionais.

Comer e Amar.

E o gênero humano enlouquece, degenera-se, suicida-se, esmigalha as suas energias latentes mais admiráveis, cria a prostituição, as leis e o vampirismo social e tripudia por sobre os mais belos sentimentos e por sobre a pureza delicada de tudo que é puro e nobre e santo — para satisfazer aos dois instintos predominantes.

Só consegue desviar-se cada vez mais do objetivo.

Todos insatisfeitos! Doloridos de fome ou indigestão. E famintos de amor.

E seria tão simples...

E é tal a complicação industrial e econômica, e é tal o grau de civilização, que são consideradas "anomalias", as inteligências a serviço da volta à natureza, da vida simples, da realização interior — para a interpretação e solução do problema humano dentro da lei do Amor, solução que se resumiria nos imortais postulados de ética:

Sê tu mesmo.

Conhece-te.

Realiza-te.

Faz o que quiseres.

Não matarás.

Ama ao teu próximo como a ti mesmo.

Porque — só para amar foi feita a vida.

FEMINISMO?

A palavra *feminismo*, de significação elástica, deturpada, corrompida, mal interpretada, já não diz das reivindicações femininas.

Resvalou para o ridículo, numa concepção vaga, adaptada incondicionalmente a tudo quanto se refere à mulher.

Em qualquer gazeta, a cada passo, vemos a expressão — "vitórias do feminismo" — referente, às vezes, a uma simples questão de modas.

Ocupar posição de destaque em qualquer repartição pública, viajar só, estudar em escolas superiores, publicar um livro de versos, ser *diseuse* ou dictriz, divorciar-se três ou quatro vezes pelas colunas do *Para Todos*, atravessar a nado o canal da Mancha, ser campeã de qualquer esporte — tudo isso constitui as "vitórias do feminismo", vitórias que nada significam perante o problema humano da emancipação da mulher.

É tática bem manejada pela civilização unissexual: enquanto as mulheres se contentam com essas vitórias, a sua verdadeira emancipação é posta de lado ou nem chega a ser descoberta pelos tais reivindicadores de direitos adquiridos.

As verdadeiras reivindicações não se podem limitar à ação caridosa ou a um simples direito de voto que não vem, de modo algum, solucionar a questão da felicidade humana e se restringirá a um número limitadíssimo de mulheres.

Aliás, quando os homens de bem retiram-se, num ostracismo voluntário, dessa política de latrocínios oficializados, dessa bacanal parasitária, desse despudor em se tratando dos negócios públicos; quando se decreta, positivamente, a falência, o descrédito do parlamentarismo, do Supremo Tribunal, do Senado, de toda a máquina governamental de uma sociedade em plena decomposição — é agora que a mulher acorda e sai correndo atrás do voto, cousa que deveria ter reivindicado há duzentos ou trezentos anos atrás... E supõe, ingenuamente ou maliciosamente, estar cuidando dos interesses femininos, dos interesses humanos.

A mulher, deixando-se gostosamente explorar e certa de que, nesta civilização de escravos, ganha, cada dia, mais terreno, reivindicando direitos civis e políticos, convencida de que se bate pela mais justa das causas humanas, pela sua emancipação.

Em que consiste a emancipação feminina? De que serve o direito político para meia dúzia de mulheres, se toda a multidão feminina continua vítima de uma organização social de privilégios e castas em que o homem tomou todas as partes do leão?

De que vale o direito do voto para meia dúzia de mulheres no Parlamento, se essas mesmas continuam servas em uma ordem social de senhores e escravos, exploradores e explorados, patrões capitalistas e assalariados?

Indaguemos do nosso caboclo, eleitor de qualquer cabo eleitoral, se o voto o emancipou, se a sua vida de trabalhador rude não o condena mais à geena da escravidão nas mãos do fazendeiro de café ou do senhor de engenho.

E, desde o eleitor colono, moderno escravo social, até as mais altas dignidades políticas, todos são escravos, condenados, sufocados nas malhas da própria inconsciência, na ignorância cultivada através da imbecilidade humana, através da domesticidade milenar.

Quem pode falar em emancipação feminina, em emancipação humana, dentro da lei, dentro da ordem social?

Só caminha para a emancipação quem se coloca fora da lei, fora dos prejuízos, dos dogmas, dos preconceitos religiosos e sociais — para conhecer-se, para realizar-se.

Enquanto a mulher reivindica direitos civis e políticos, se esquece de pugnar pelos verdadeiros direitos femininos que são os direitos humanos: os de indivíduo, direito à liberdade, direito à vida, direito animal na escala zoológica.

Por isso, é duplamente escrava: é escrava do homem e é escrava social como o seu companheiro, quer faça ele parte do proletariado, quer seja rei da indústria, como Ford ou primeiro-ministro, ditador, como Mussolini.

Nunca a mulher andou mais errada do que quando pensou estar certa reivindicando os direitos políticos.

Devolvo, desde já, os aplausos dos antifeministas: o meu ponto de vista é absolutamente oposto, é muito individualista e ácrata.

Não quero a mulher no "lar sagrado", nem decanto a meiguice das dulcineias sabidas, da casta Suzana... o lar da civilização burguesa capitalista é uma pândega e eu falo seriamente.

Dói-me o coração ver a ignorância e o servilismo da mulher, instrumento do passado a serviço de uma sociedade de privilégios e que se apoia, ferozmente, na exploração do homem pelo homem, nas lutas de competições, na concorrência brutal da força armada, e, como consequência lógica, nas guerras — cujas vitórias são ganhas a poder do álcool e do éter.

Em uma época das mais decadentes, no meio de toda essa corrupção, quando os homens de Estado não descem mais porque não têm mais para aonde descer, e os que sobem se rebaixam, e os políticos profissionais vivem de negociatas fantásticas e tudo é cabotinismo e palhaçada, — é nesta época de dissolução que a mulher quer partilhar das responsabilidades na derrocada coletiva.

Podemos afirmar que mais empenhadas nos direitos políticos são as que querem, para si, posições e dignidades, as que apoiam as suas pretensões vaidosas nas considerações sociais, as que mais falam banalidades e menos pensam em prol das suas companheiras de escravidão, as que buscam o cenário mesquinho das glórias efêmeras, para exibições e cabotinismo.

Ou dão a entender que tudo vai otimamente e que também elas fazem questão de juntar a sua voz à desintegração total e já estão desfibradas, domesticadas, já se fizeram políticas e, portanto, são capazes de todas as maroteiras dos nossos *clowns* parlamentares, ou então, há na sua reivindicação de direitos políticos, ingenuidade lamentável, quixotesca: a de pretender consertar esta máquina desmantelada pela ação do tempo — implacável na destruição das velharias embalsamadas.

Ou a mulher se fez político, adquiriu à força de domesticidade e baixezas, a alma do político e vai, desgraçadamente, pactuar com os pais da pátria no degenerar de todas as fibras do caráter nacional, ou, ingenuamente, pensa endireitar todo o mecanismo governamental desconjuntado pelo tempo, lutando contra moinhos imaginários, esquecendo-se de si mesma para seguir sonhos impossíveis e ideias utópicas, inteiramente no mundo da lua. Em conclusão: deixar-se-á plasmar ao contacto das almas enlameadas dos que só pensam no ventre e para o ventre.

O VOTO

Geralmente a mulher não tem ideias próprias, (aliás, o homem as terá?...) e pensa pela cabeça dos homens com os quais convive, ainda que lhe sejam inferiores. Ideias próprias? Será bem essa a expressão? Não ficaria melhor — caráter, individualidade?

Pondo ainda de parte a questão clerical: — o confessionário católico só tem a lucrar com os direitos políticos da mulher, nos países latinos — vejamos a razão por que me não interessa o voto, não só para a mulher, como também para o homem.

Que é a lei escrita?

Como Sócrates, como Epicteto, como Han Ryner, só reconheço às Leis Biocósmicas, as Leis Naturais.

À minha consciência repugna "obedecer" a quem quer que seja, mormente a quem não tem consciência.

Não reconhecendo as leis dos homens, acho ridículo o Parlamento, o Senado, o Supremo Tribunal, sei ver as palhaçadas de todos os arlequins do Governo e das autoridades constituídas.

Não me interessa tal gênero de diversões.

Lamento que a mulher continue a mesma adormecida milenar. Lamento profundamente a sua domesticidade que a impede de ver bem no fundo das questões humanas — a fim de protestar contra os fantoches que lhe estendem as mãos para degenerar-lhe todas as mais belas energias interiores.

Até a sensibilidade e a intuição da mulher estão sendo massacradas pelos "bons costumes" e pela educação desta sociedade de jesuítas e vampiros.

O gênero humano não se satisfez ainda vendo o homem descer tão baixo, governando e legislando; é preciso que a mulher também respire no mesmo pantanal do autoritarismo e do poder.

Que tudo se degrade, que tudo se corrompa, que a degenerescência orgânica e mental acabe com toda a humanidade.

Enquanto isso, todos se esquecem de si mesmos, ninguém se busca na vida interior, ninguém procura realizar-se para ouvir o cântico dos deuses dentro de cada coração humano.

A verdadeira sabedoria nos ensina: governar aos outros é destruir-se a si mesmo.

É negar-se a si próprio, é adormecer as mais belas forças criptopsíquicas e despertar os instintos selvagens, para a megalomania da autoridade e do despotismo.

Só temos o direito e o dever de nos governar a nós mesmos.

Mais o homem cresce em prestígio público, mais um homem sobe em dignidades e poder, e mais resvala, mais é escravo, mais se vulgariza, mais se corrompe, mais sentimos a sua alma deteriorada...

Parlamento, Senado, Supremo Tribunal (para julgar as consciências alheias!), política, posições espetaculosas, tudo isso corresponde (ó Sabedoria de Epicteto!) aos figos e às avelãs distribuídos às crianças...

Ao verdadeiro sábio, ao que pressentiu o sentido da vida, repugna, nobremente, qualquer cargo público ou particular — se tem de mandar e de ser obedecido, se tem de obedecer na hierarquia do funcionalismo e de ser obedecido pelos que lhe são inferiores segundo o conceito dos homens medíocres e das dignidades sociais.

Buda, Cristo, Sócrates, Epicteto, as mais altas expressões da consciência humana, as mais belas manifestações da beleza interior, preferiram sempre governar a si mesmos a julgar ou governar a quem quer que fosse.

Tudo falhou na nossa civilização tão decantada: governos aristocratas, plutocracias, democracias, parlamentos, revoluções, ditaduras, consulados, monarquias ou repúblicas, Estado leigo ou poder espiritual, Napoleão ou Mussolini — tudo brinquedo de crianças perversas, epilepsia ou estado paranoico, tudo faz descrer desta humanidade de lobos e cordeiros, de senhores e escravos, de brutos insaciáveis e súditos domesticados até o servilismo dos aplausos aos magarefes da consciência humana.

A multidão, olhos de toupeira, não quer ver e continua, como em todos os tempos, aclamando os atrevidos e os covardes, contribuindo para uma organização social que se mantém à custa do despotismo de uns e do balar da maioria, que se mantém à custa da polícia civil e militar e do dogma religioso — para conter o pensamento humano no dique de ferro das mediocracias organizadas legalmente.

Nós, idealistas livres, os individualistas forjadores do porvir, nós — fora da lei — temos por dever abrir uma brecha na mentalidade dos que começam a despertar para compreender o sentido profundo da vida, para penetrar, dissecar os crimes políticos e religiosos de lesa-felicidade humana.

Por isso, repetimos sem cessar.

Semeamos ao vento, não importa aonde, toda a harmonia interior dos sonhadores e apóstolos do individualismo e da solidariedade humana — para quem tiver olhos para ver e ouvidos para entender.

Não é digno da humanidade, não é bem um ser humano o indivíduo que explora outro indivíduo, a criatura que se intitula industrial de assalariados, o que se impõe à força, o que governa, o que legisla.

É justamente porque os homens se empenham em desrespeitar as Leis Biocósmicas, as Leis Naturais, que teimam em escrever as suas leis mesquinhas, de pigmeus enamorados de si mesmos.

E, em vez do Amor, a Lei Máxima, preferem o ódio, a guerra, a concorrência, a glória efêmera do poder, da riqueza, da autoridade ou dos prazeres sádicos.

Quanta fealdade os homens criaram para matar a beleza interior!

Nada de feminismo. Não pertencer a nenhum partido, não pontificar nem servir em nenhuma grei, não exercer nenhum apostolado religioso, político ou social, não ruminar em nenhum rebanho acadêmico ou moraliteísta, não beber a água da vida de nenhuma seita filosófica ou escola científica, filológica ou estilizada, clássica ou modernista.

Livre de quaisquer muletas. Livre de todas as Igrejas.

Catequese? Que mal fizeram os índios para os perseguirmos com a nossa mania de "realizados" a converter aos outros, encurralar, civilizar — corrompendo-os a "pinga" e a tuberculose?

Batalhão feminino? Competições atléticas? Feminismo de punho firme? Dragonas de carabineiros? Polícia feminina?

O heroísmo de Anita Garibaldi só me interessa porque é o heroísmo por Amor, mas, sem paradoxo — é a negação do Amor.

Amor pelas armas?

Liberdade imposta pela força armada?

Decididamente tem razão quem disse: o homem em partido é parte de homem...

O fato da mulher ingressar na polícia é qualquer cousa de execrável, ainda mesmo que se rotule essa atitude policial com todos os atributos de filantropia e assistência ou solidariedade.

É a sociedade burguesa organizada para explorar a intuição e a astúcia milenar da mulher, pondo-a a serviço da espionagem e da delação, a serviço de toda a barbaria civilizada.

A sociedade é a fatalidade inexorável da limitação aos direitos individuais.

Em todos os tempos, os partidos da "populaça de cima" oprimiram "a populaça de baixo".

Invertam-se os papéis e tudo volta ao ponto de partida.

Em todos os séculos, liberais e conservadores, demagogos, socialistas ou aristocratas, oligarquias, plutocracias ou impérios, reinos ou repúblicas, deem o nome que mais aprouver — ou pelo direito da força ou pela força do direito das suas leis, sempre o homem procurou galgar posições — para pisar aos de baixo, para alimentar o seu orgulho ou para vingar-se ou para dar ampla satisfação aos instintos ferozes, mandar, exigir, tiranizar, para se fazer servir pela covardia do rebanho social, domesticado através das tradições, da rotina, da educação, dos preconceitos, da imbecilidade humana.

Sempre houve castas dominantes e castas domesticadas, senhores e escravos, déspotas e vassalos, exploradores e explorados.

É a fatalidade social. E não há para quem apelar. É a autoridade dentro da natureza humana.

A imbecilidade servil do gênero humano vai ao infinito e os "superelefantes nietzschianos" da vontade de domínio tiveram e terão, em todos os tempos, a sua *claque* e o seu exército, a sua polícia secreta e os seus vassalos submissos e a sua imprensa de prostituídos e os seus lacaios devotadíssimos — pensadores de rebanho, sacerdotes, poetas e cientistas e moraliteístas e filósofos repetidores, acarneirados na vassalagem reacionária, curvados reverentemente ante os Césares do poder ou ante os reis do aço ou reis do ouro, do petróleo ou das armas de guerra.

Descobriu-se agora que o século xx é o século da mulher. O homem se apercebe que sua companheira não deu tudo quanto pode dar. É mais uma fonte de energia a ser explorada. Descoberta preciosíssima.

As inúmeras necessidades lançadas na vida pela civilização industrial, atiraram também a mulher ao balcão do trabalho absorvente. Uma escravidão — a do lar e da maternidade imposta veio juntar-se a outra escravidão — a do salário.

Novas formidáveis lutas — a luta de competição entre os sexos — sob o ponto de vista econômico e social.

E a eterna tutelada, duas vezes escravizada, em nome da reivindicação dos seus direitos, em nome da emancipação feminina, em nome de tantas bandeiras, de tantos ídolos — pátria, lar, sociedade, religião, moral, bons costumes, direitos civis e políticos, feminismo, comunismo, fascismo e tudo mais acabado em "ismo", revoluções e barricadas — continua a mesma escrava, instrumento manejado habilmente pelo homem, para fins sectaristas, dominadores, econômicos, religiosos, políticos ou sociais.

A mulher não percebeu ainda e tão cedo não perceberá mais esse truque dos prestidigitadores da civilização unissexual.

Os comunistas estimulam a mulher a trabalhar pelo advento da ditadura proletária da Mãe Rússia, em todo o orbe. São os escultores de montanhas... A solução aí está: fora, não há salvação...

Os anarquistas da violência revolucionária querem-na com eles a sonhar barricadas e a gritar nas praças públicas como em casa: — Viva a revolução! Abaixo a burguesia!

Os *L'En-Dehors* querem-na no amor "organizado" como cooperativa de produto de consumo da camaradagem amorosa...

Dentre todos, com rótulos os mais variados, conheço os que não se interessam senão pela sua própria liberdade e pelo advento do seu partido, sem a menor preocupação pela mulher, desconhecendo totalmente os seus direitos e as suas necessidades. São libertários e a sua família legal é burguesíssima.

Trabalhistas, sindicalistas, padres de quaisquer religiões, sacerdotes revolucionários ou clericais, socialistas, demagogos e feministas, a imprensa chamada livre, os partidos políticos, os adeptos do feminismo caridoso, tudo, absolutamente tudo procura abafar a verdadeira necessidade interior da mulher. Todos sufocam as suas mais altas aspirações no caos das competições de partidos ou do progresso material absorvente, na atividade louca da vida moderna — para esta civilização do caftismo da carne e das consciências.

E a eterna tutelada supõe reivindicar os seus direitos, supõe cuidar da sua emancipação, sente-se cada vez mais cheia de responsabilidades e o seu desespero, a sua irritabilidade, o seu desalento crescem à medida que as ilusões se esboroam.

E até hoje, qual foi o partido ou programa que apresentou a solução para o problema da felicidade feminina?

Quem se lembrou de libertar a mulher?

É a mesma irresponsável, assassinada em cada canto por todos os defensores do ídolo da honra. E os homens mais liberais, os que pregam a emancipação e a liberdade para as mulheres... dos outros — são os mesmos trogloditas quando as suas mulheres resolvem pôr em prática as suas teorias libertárias.

Em realidade, em vez de se emancipar com a civilização e a emancipação econômica, a mulher se está escravizando sob outros múltiplos aspectos. Desperta energias para defender velharias e enovelar-se dentro da rotina, das tradições, dos prejuízos e da reação conservadora ou do sectarismo revolucionário dos partidos.

Ao despertar, é logo vacinada com o soro do passado fossilizado no subconsciente coletivo ou vacinada com o soro moderno dos ídolos novos colocados nos nichos antigos e com nomes mais pomposos e adaptados às condições da sociedade atual.

E a mulher se torna incapaz de um surto mais alto para escalar ideais que se não agarrem a muletas.

Batizem os ídolos com nomes novos ou com programas demolidores — é sempre a mesma cousa.

A mulher é instrumento do passado, está a serviço da luta sangrenta, luta sem tréguas que os homens — canibais da civilização material e das ambições desmedidas, sustentam através da vaidade louca de vencer dentro do "seu" partido, no meio do "seu" rebanho, para dominar, para ser o senhor de escravos ou mestre de seitas e discípulos, de explorados ou de domesticados.

Descobrindo a mulher, o homem ou melhor a sociedade se convenceu de que sua descoberta lhe vai render muitíssimo. E se fez cáften e proxeneta e gigolô e proprietário: ou explora a carne feminina ou explora o trabalho feminino ou explora a sensibilidade feminina ou explora a inteligência e a astúcia feminina. Nada escapa.

E tudo é prostituição, dentro ou fora do casamento.

Aluguel por toda vida a um só ou aluguel a diversos e por tempo determinado. Aluguel do corpo, aluguel do trabalho, aluguel da razão.

A mulher vive *a serviço* do caftismo social.

E a mulher torna-se cúmplice de outras tiranias, é acuada para outra espécie de domesticidade — o servilismo a outros dogmas, aos dogmas dos partidos, das seitas, do patriotismo, do punho firme nas competições atléticas, da piedade sob a forma de religião ou caridade.

É explorada a sua sensibilidade no crime dos evangelhos novos dos novos partidos ou nos exércitos da Cruz Vermelha — a mais feroz das armas de guerra... e é ainda explorada na luta fantástica da concorrência industrial — sob os mais variados aspectos.

E a mentalidade da maioria continua sendo a das meias de seda, dos divórcios de cinema, das marcas de automóvel, dos últimos figurinos, de Paul Bourget ou do p.ᵉ Coulet.

Vivem a vida moderna, mas, o pensamento é medieval.

E sob o pretexto de reivindicações feministas, a sua razão se fecha mais uma vez, e a mulher se afasta positivamente do verdadeiro problema — o problema humano, o direito à vida como animal na escala zoológica, a reivindicação individual de si mesma, o direito a ser dona do próprio corpo, da sua vontade, dos seus desejos, da expansão — para viver a vida em toda a plenitude das suas possibilidades latentes, para aprender a ser livre e a libertar-se das próprias cadeias dos instintos inferiores e absorventes, fossilizados no subconsciente, para subir aos anseios de ser algo mais que instrumento de volúpia e de exploração, para escalar um degrau mais alto de individualidade — através da liberdade de viver pelo próprio coração e de pensar pela própria mente.

Enquanto a mulher se deixar levar pelos outros, pela ingenuidade ou pela malícia dos partidos, dos programas, dos votos, das caridades, dos deveres — ídolos, do lar, da sociedade, dos privilégios, convenções: — pátria, família, religião, o "que poderão dizer?" — será a eterna explorada pela fatalidade social, pela imbecilidade humana, pelo caftismo moraliteísta da família e da legalidade.

É o problema de Ibsen, de Nora, em *Casa de bonecas*. É o problema hanryneriano do individualismo neoestoico, é o individualismo da "vontade de harmonia" interior, a realização subjetiva.

A mulher tem pressa em dedicar-se.

Mas, só pode repartir quem tem as mãos a transbordar.

E só devo dar, quando tenho o conhecimento e a certeza interior de que o que dou não vai prejudicar ao meu semelhante.

E como é vago, indefinido e incompleto o meu conhecimento a esse respeito!

Só poderei semear, quando colher de mim mesma.

Tenho de me conhecer primeiro, tenho de me realizar, e só muito depois aprenderei a amar e poderei colher para semear...

Cometo o mais inconsciente dos crimes, se alimento aos outros com o alimento indigesto que me fizeram engolir à força, sem mastigar, através da rotina e da educação. Esse alimento pode denominar-se: patriotismo, religião, deveres, família, sociedade, privilégios, caridade, educação, convenções, moral. Quantos ídolos perpetram os crimes de lesa-felicidade humana, de lesa-liberdade individual!

Como estamos longe de nós mesmos!

Duplamente escrava: tutelada milenar do homem, instrumento de volúpia ou exploração, serva dos ídolos da honra, dos partidos, dos programas — é a rainha do lar é a deusa é a santa é o anjo redentor de todo o gênero humano — na linguagem à Júlio Dantas — o velho almofadinha dessa literatura que envenena e corrompe e deteriora e adormece e mata as energias latentes e a intuição delicada da verdadeira natureza feminina.

A POLÍTICA

A pantomima política de todos os arlequins da capoeiragem oficial, com as dádivas retumbantes da demagogia da Liberdade! Igualdade! Fraternidade! Ordem e Progresso! Democracia! Direitos do Povo! e tantos ídolos que fazem a delícia da oratória parlamentar, que constituem a "chapa" oficial da literatura patriótica, a cornucópia das mensagens e das plataformas — a pantomima política talvez me divertisse, se não custasse o sacrifício inútil do apostolado ingênuo dos Tiradentes, se não custasse o preço da escravidão de todo o gênero humano.

O Parlamento é uma das muitas cousas falidas ainda mesmo dentro da organização social burguesa-capitalista.

Mussolini aplicou-lhe o último pontapé, tripudiando por sobre o cadáver da Deusa Liberdade — na expressão altissonante do Duce-Jupiteriano.

A política é uma arlequinada gaiata.

Circo de cavalinhos a ser substituído por um *guignol* mais interessante.

Parodiando Sócrates, todo indivíduo ao penetrar os portais da política, torna-se verdadeiramente cidadão e conduz o cadáver do homem...

Nem caráter, nem sentimentos. Ou salta fora ou perde a espinha dorsal.

A política prostitui a alma até as vísceras de todas as forças latentes do ser humano. O homem verdadeiramente político ou diplomata — culmina na fantochada mussolinesca, reivindicando o primeiro lugar no *record* das traições, renegando todas as ideias, após defendê-las na demagogia truanesca dos que sobem à custa da imbecilidade humana, executando cabriolagens no trampolim governamental.

A mim me não interessam as leis dos homens, só reconheço as leis não escritas, as leis naturais, as leis biológicas, as leis biocósmicas.

Coloco o voto num ponto de vista insignificantíssimo para me interessar por ele.

Se até Marco Aurélio se prostituiu na política, se se deixou arrastar pela infâmia de governar os outros — fazendo a guerra, legislando, sancionando as leis pequeninas dos homens, defendendo interesses pessoais dos seus súditos, vassalos e áulicos e perseguindo e martirizando outros homens, porque, exclusivamente porque nasceram fora das fronteiras do seu país; se Marco Aurélio se esqueceu das Leis não escritas senão na nossa consciência — quando essa consciência não é amassada na legalidade...; se o filósofo esqueceu das Leis Naturais a ponto de ter vergonha de si mesmo, da degradação, do aviltamento do seu caráter, tanto que chegou a escrever "Ó morte, não tardes mais a vir, tenho medo que eu chegue, também eu a me esquecer!"; — se Marco Aurélio brincava de filósofo nas horas vagas (Han Ryner — *As aparições de Ahasverus*) depois de ordenar e dirigir a caça aos sármatas (brinquedo de político...) — que será dos nossos licurguinhos?...

Marco Aurélio não acreditava nem mesmo na República de Platão: estava convencido de que consentir em governar aos outros é a renúncia a conhecer-se, é a renúncia à realização interior.

Reinar no mundo é escravizar-se ao mundo.

Se Platão se prostituiu nas *Leis*, ameaçando, castigando, continuando a exploração do homem pelo homem, os privilégios e as baixezas de mandar e obedecer — que espécie de governos podemos sonhar, depois da *República* de Platão e do Império do Antonino?

E esses são os governos das *élites* filosóficas, governos dos escolhidos, dos "superiores", das exceções, os modelos sonhados pelos idealistas sinceros e ingênuos, crentes de que o cidadão pode ser um homem e o governo pode ser exercido sem que governantes e súditos se prostituam, simultanea-mente, como senhores e escravos, legisladores e cadáveres.

Sepultemos de vez, pelo menos nós outros, os individua-listas da "vontade de harmonia", sepultemos as "verdades mortas", as convenções fossilizadas da sociedade moraliteísta e filisteia.

A POLÍTICA ME NÃO INTERESSA

O voto? — Nem secreto, nem masculino, nem feminino.

O voto secreto? — A confissão pública da covardia, a con-fissão pública da incapacidade de ostentar a espinha dorsal em linha reta, a confissão pública do servilismo e da fidelidade aviltante de uns, do dominismo das mediocracias legalmente organizadas.

Democracia? — Ferrero a definiu: "Este animal cujo ven-tre é imenso e a cabeça insignificante"...

O voto não é necessidade natural da espécie humana: é uma das armas do vampirismo social. Se tivéssemos os olhos abertos, chegaríamos a compreender que o rebanho humano vive a balar a sua inconsciência, aplaudindo à minoria para-sitária que inventou e representa a *tournée* da teatralidade dos governos, da política, da força armada, da burocracia de afilhados — para complicar a vida cegando aos incautos, a fim de explorar a todo o gênero humano em proveito de interesses mascarados nos ídolos do patriotismo, das bandeiras, da defesa sagrada dos nacionalismos e das fronteiras, da honra e da dignidade dos povos...

Depois, a rotina, a tradição, a escola, o patriotismo cultivado, carinhosamente, para que a carneirada louve, em uníssono, o cutelo bem afiado dos senhores. A religião, a família se encarrega do que falta para desfibrar o indivíduo.

O voto, a legislação interesseira e mesquinha dos pais da Pátria, Parlamentos, Senados, Consulados, Ditaduras, Impérios, Reinos, Repúblicas, Exércitos, Embaixadas, Liga das Nações, Paz armada, Alexandre, Césares, Mussolini — "escultores de montanhas", símbolos da cegueira do rebanho humano, ídolos que se substituem e se equivalem, brinquedos perversos de crianças grandes, sonhos transformados em "verdades mortas", infância, atavismo de paranoicos...

A política é um trapézio.

Direitos do povo, sufrágio universal... palavras. Dentro do demagogo há uma alma de tirano. Caída a máscara que atrai o rebanho humano, o ditador salta no picadeiro da política, as duas mãos ocupadas: em uma, o *manganello*; na outra, o óleo de rícino...

Tem razão Aristóteles: "O meio de chegar à tirania é ganhar a confiança da multidão: o tirano começa sempre por ser demagogo. Assim fizeram Pisístrato em Atenas, Teágenes em Mégara, Dênis em Siracusa".

Assim fez Mussolini.

Quando um Ruy Barbosa, por exemplo, falava tão alto contra os nobres pais da pátria, é porque tinha na alma o despeito louco de não ter sido elevado ao pico máximo da vontade de poder.

Em política, age-se de modo inverso: os tribunos demagogos adulam o povo, elogiam a soberania do povo, proclamam os direitos do povo, prometem a felicidade do povo e sobem, empurrados pela embriaguez nacionalista e pelo servilismo e docilidade do povo, mas, representado pela "populaça de cima"...

Quem quiser subir aos picos da vontade de poder, não procura as vozes desassombradas e nem toma decisões sem ouvir a direção do seu partido. Obedecer é a escola de quem quer mandar.

O político é um acrobata e, para alguém ser acrobata tem de principiar cedo a deslocar todas as juntas...

O político quando sobe às culminâncias da glória e do poder, já se dobrou tanto, já se curvou, já se humilhou, já fez de tal modo o corpo em arco e a alma em cameleão que é capaz de identificar-se com o molusco.

Como deve ser difícil engolir a liberdade de opinião, a liberdade de consciência, a liberdade da imprensa, a coragem de proclamar alto as convicções — se fazemos parte de um partido definido, com declaração de princípios e afirmações categóricas e ação metodicamente organizada para derrubar partidos contrários ou dogmas religiosos que vêm ferir os nossos dogmas e pôr diques à nossa desenvoltura apostólica!...

Quando a imprensa é só louvor aos "eleitos" de cada partido político; se ninguém quer ouvir senão o que interessa aos seus planos e aos projetos e decisões do seu partido; se todos se preocupam com o cidadão e desprezam o homem livre, se se trata de ser sempre contra alguém, para subir, para vencer, custe o que custar; se obedecemos à lei em prejuízo da consciência; se fechamos os olhos para não ver e nos servimos da lógica como instrumento para abafar as vozes sinceras; se semeamos o ódio e as ambições, nas farsas patrióticas dos nacionalismos de partidos a se digladiarem pelo osso da vontade de poder, pelo osso do dominismo e da glória política — abrimos alas a uma ditadura mussolinesca com todas as arlequinadas do *manganello*, batuta da orquestração paranoica do atavismo elevado à altura de gênio, e que há de representar, condignamente a dignidade de cônsul, como aquele cavalo célebre...

Também nós, insensivelmente, pouco a pouco, preparamos o ambiente para que surja, neste país, um capataz, rebenque em punho, para gáudio dos acrobatas moluscos das democracias de demagogos.

Somos uma nação de leis.

E Sócrates já dizia: "É a lei que corrompe os homens. Quem quer que aconselhe: 'Obedeça à lei' — é corruptor aos olhos do filósofo. Mas, quem quer que aconselhe: 'Obedeça à tua consciência' — é corruptor aos olhos do povo e dos magistrados" (Han Ryner — *Les Véritables entretiens de Socrate*).

E, a propósito da liberdade da imprensa, lembremo-nos ainda de Sócrates: "Parece-me bem insignificante a coragem que acha temíveis certas verdades".

Que será preciso para ser político ou servir a amigos políticos?

— Ouvir, observar, acatar, obedecer, curvar-se ante os paredros da política, louvar ao povo, cantar a soberania do povo, prometer liberdades e... fazer ginástica.

Cada um de nós só tem o direito de governar a si mesmo.

Ninguém pode exigir da consciência de outrem.

Os homens se esqueceram da própria realização interior — para cuidar de todas as necessidades perfeitamente desnecessárias, criadas pela avidez do progresso material, do gozo, do luxo, da ociosidade, criadas pela cupidez do capitalismo absorvente e pela perversidade inominável do industrialismo de tudo, inclusive das consciências, — organização social de caftens e de vampiros do sentimento humano, mantida pela política, pelo capital, pelas religiões dominantes, que separam os humanos em vez de os unir, e pela força armada — escola de chacina para formar almas de canibais condecorados.

Cada um de nós tem o seu governo interior: tudo o que vem de fora, não constituindo uma nota de beleza, de harmonia vibrando em uníssono com a nossa harmonia — é violência que gera a violência, é ódio que gera o ódio. Mandar, como obedecer, é covardia: degrada, avilta, imbeciliza o gênero humano.

A MULHER NA POLÍTICA?

Acho que a mulher tem o direito de fazer até mesmo todas as asneiras praticadas pelo homem. Questão de temperamento, de instinto, de desejo, de vontade, variando de indivíduo para indivíduo. Que cada qual siga a sua linha de evolução, e nada temos com isso.

Se eles votam, também ela pode votar, se se embriagam, se se envenenam e à prole, com morfina ou cocaína, se se prostituem na política — por que motivo procuram impedir que a virtuosíssima esposa se divirta com adultérios *chics* ou com vícios elegantes como a política, por exemplo?

Mas, a entrada da mulher na política é a ostentação pública da prostituição política universal.

Não basta o homem o confessar publicamente. É preciso que também a mulher salte no picadeiro da política.

Aliás, quem dirige e regula os cordéis dos fantoches do Estado e da diplomacia?

"L'État, c'est moi?" — Não. O Estado é Mme. de Maintenon, é Cleópatra, é Nitócris, é Messalina, é Agripina, é Popeia Sabina, são as Bórgia, é Ana da Áustria, é Du Barry, é Maria Antonieta, é Rasputin escondido por trás da tsarina, é Diana de Poitiers...

Não é preciso respigar nas crônicas da história universal elegante: os nomes saltam da pena, indistintos, apanhados ao acaso, em todos os séculos, provando duas cousas ao mesmo tempo: a mulher, por trás dos reposteiros palacianos, representa papel importante, quase absoluto, no cenário da política.

Se avivarmos a memória chegaremos a descobrir o motivo pelo qual Deodoro, monarquista, proclamou a República...

O Governo Hermes da Fonseca é bem recente.

E a marquesa de Santos?...

E a influência do clero na chamada "República Nova"? — velhíssima como a Sé...

A segunda conclusão: quando a mulher sobe ao poder, apaixonada, emotiva, inconsciente, déspota, autoritária, serve, exclusivamente, aos seus interesses ferozmente egoístas e vingativos, ou serve aos interesses da religião exclusivista e do clero astuto e absorvente.

Quando o escravo assume o papel de senhor, não perde a oportunidade de retribuir, indistintamente, as injúrias recebidas através de todos os milênios de servilismo e humilhações.

E os séculos em que as Rambouillet da política e da literatura deslumbram os salões e os amores elegantes, são os séculos em que o caráter dos homens públicos e dos intelectuais desceu à mais deplorável degradação.

Outro aspecto do problema e quiçá o mais importante é o antagonismo que a política vai criar entre os dois sexos, são as lutas de competição, é a discórdia, a inveja, é toda essa onda de ódio e de rivalidade, já de si tão grande, essa fatalidade aumentada com a civilização e que faz impossível o entendimento entre o homem e a mulher — duas raças sociais que se querem e se afastam dia a dia, incompreendidas simultaneamente, que se buscam e se desiludem, num desentendimento crescente, multiplicado pelas tão decantadas vantagens do progresso material.

Não é possível a harmonia entre os dois companheiros, dentro desse abalroamento, desse desequilíbrio em que ninguém se entende mais e os interesses econômicos atiram um osso entre o homem e a mulher.

Esse osso pode chamar-se pão de cada dia ou a glória acadêmica ou a autoridade na política ou o prestígio mundano.

É sempre o osso de Epicteto...

Quando os juízes negam o direito de voto à mulher falam do alto das suas credenciais, aptos para julgar — decretando uma norma de ação para toda a metade feminina do gênero humano, decretando princípios pelos quais a metade masculina há de colocar no respectivo lugar a mulher, se tentar sair das normas de conduta a ela impostas pelo seu superior e proprietário, através da força e da lei.

E quando um juiz fala com a sua autoridade de civilizado cristão, nem mesmo Cristo, manso e humilde de coração, aquele Cristo doce e generoso que ia escrevendo na areia o "Não julgueis", nem mesmo a sabedoria amorosa do Cristo seria ouvida.

O ponto de vista dos juízes nada tem que ver com o meu ponto de vista...

Mas, estou com os juízes na interpretação histórica da tal "lei magna".

A palavra *cidadão* foi empregada apenas no sentido masculino. Conheço os debates. Li discursos e apartes e pareceres.

Pedro Américo e outros muitos, foram contra. Costa Machado, o grande Costa Machado, de quem nem uma só feminista se lembra, foi a favor do voto e dos direitos civis e políticos da mulher. A sua bela e nobre inteligência vibrava defendendo a emancipação feminina.

Pedro Américo e os seus companheiros ficaram ainda na defesa do "altar" e da rainha do lar, deusa e santa...

Ruminaram a chapa feita.

Costa Machado (como lamento não ter em mãos os seus discursos notáveis) foi a figura mais alta, de maior relevo no meio da mentalidade rotineira dos Pedro Américo e dos outros.

Venceram os defensores e protetores da mulher no recesso do lar sagrado. E esse recesso, hoje, leva "virtuosíssimas" esposas até os *rendez-vous* das casas de tolerância. Mas, a força da chapa ainda predomina. E tudo continua sendo lar...

O que é certo é que, dentro da lei, a palavra *cidadão* designa homens.

A mulher é também "cidadão", porém, para pagar impostos, enviar os filhos a servirem de bucha para as goelas vorazes do industrialismo nas fábricas ou nas guerras comerciais, ir à cadeia, responder por crimes políticos, responder a júri, ser perseguida e acompanhada pelos agentes da polícia secreta, morrer na cadeira elétrica, ser fuzilada ou expatriada.

Todos os deveres do "cidadão", nenhum direito de cidadania.

Aliás, o confessa um desses juízes, o dr. Esaú de Moraes, em São Paulo:

"Nem outra podia ser a interpretação, dadas as tradições do nosso Direito, segundo as quais a mulher, na ordem política não pode ter mais direito que na ordem civil." E, "se a mulher está mesmo, na ordem civil, sujeita a restrições nos seus direitos, quando, por exemplo, sob o poder marital, como admiti-la no exercício dos direitos políticos?".

Tem razão o juiz e foi leal na sua conclusão. Está certíssimo.

As mulheres é que não souberam ainda encontrar a saída. Apelar para o voto? O resultado é esse.

A sua reivindicação verdadeira é outra. A expressão "poder marital" é bem clara...

Não seria mais lógico procurar livrar-se do "poder marital"?

Não seria mais lógico e natural ficar fora da lei?

Não seria mais justo, mais próximo do conceito biológico — reivindicar o direito de ser dona do próprio corpo?

O dr. Esaú de Moraes, como todos os juízes defensores da moral social, quer a mulher no recesso sagrado da santidade do lar, nessa dificílima, porém, gloriosa tarefa... Está dentro do círculo estreito de sua majestade a tradição, dentro do horizonte fechado do Moloc da Rotina.

Sem isso, não seria verdadeiramente um juiz.

A missão da mulher é fabricar a carne para os canhões vorazes do capitalismo. E depois, na escola, domesticar, fazer cidadãos respeitadores das leis e das autoridades constituídas, organizar os bandos servis dos "badalos" e dos "cravos vermelhos", tirar a espinha dorsal dos futuros políticos, louvar a religião dominante e as pátrias e os legisladores representados nos mais altos estadistas das nações ditas civilizadas:

Mussolini, Poincaré — todo o cordão da "fuzarca" política dominante.

Digna missão!

A mulher não pode passar de disco de gramofone da Rotina e da Tradição, no *guignol* desta comédia burlesca da Pátria e da Civilização...

É preciso que ela se macule no meio das paixões políticas, que não veja essa cabriolagem, que não saiba, não raciocine — a fim de continuar a ser explorada pela organização da "ordem" e das leis, olhos vendados, a servir de instrumento reacionário manejado pelo vampirismo político e religioso, pela tirania social.

A FAMÍLIA

A "missão social" da mulher, o seu servilismo de domesticada, a sua fidelidade de escrava, leva-a a sujeitar-se inconscientemente às leis, a baixar a cabeça à superioridade masculina "incontestável" sob todos os aspectos, a cultivar a própria ignorância, a fazer filhos até se esgotar e a entregá-los estupidamente à Pátria que, por sua vez, os dará às goelas dos canhões — para abarrotar os cofres-fortes de todos os Césares do poder e do dólar.

Leva-a a sujeitar-se ao marido — "cabeça do casal", porque a mulher só deve ter cabeça de gramofone.

Direitos?

Deveres apenas e nem pode merecer mais nada como "rainha e deusa e santa do lar sagrado".

Outra chapa da Rotina, o anacronismo do despacho notável dos juízes, representados nas expressões do dr. Esaú de Moraes (São Paulo):

> A família é a célula *mater* da sociedade, o alicerce onde se firma o edifício social, e, para que este se conserve em toda a sua integridade moral e cívica, mesmo material, e não se despedace em fragmentos deletérios, é preciso, essencial, que o alicerce se conserve em solidez impecável, para o que a mulher sempre foi e é, nos nossos costumes, a operária bendita e diligente, aquela que, pela sua superioridade de afetos e de virtude, sempre teve e ainda tem, na organização da família e da sociedade, grande e benéfica influência.

Dizer que a família é a célula *mater* da sociedade é desconhecer em absoluto a pré-história e a história da civilização. É uma "chapa" com a qual nos habituamos, repetindo-a sem raciocínio.

A sociedade sempre existiu. E a instituição da família, tal como a vivemos, é recentíssima.

A família é a defesa legal da propriedade privada.

A família, verdadeiramente família, é produto da legislação greco-romana: e as sociedades não nasceram de Roma ou da Grécia.

Um pouco de antropologia da pré-história com os seus clãs e grei e costumes de poligamia ou poliandria, um pouco de história da civilização, algo de Freud, de LeTourneau, Colajanni, Finot, Virchow, Tarde, Havelock Ellis, Forel, Guyot, Bebel, Coulanges, Novicow, (para que mais citar?) ensinará que foi a sociedade quem criou a família, que a família é instituição social, que a sociedade existiu e existirá sem família e que a instituição da família modifica-se, transforma-se, evoluciona dentro das sociedades, e que a família moderna é um produto da rapinagem romana a qual legislava para defender os seus saques; que a sacratíssima instituição já deu em droga e que a dissolução dos costumes é um produto da família, assim como a prostituição é a defesa da família e, finalmente, essa família, baseada no interesse econômico, será substituída pela união dos seres ligados pelo Amor, ou, simplesmente, ligados pelos laços de afeto ou simpatia recíproca.

Queira ou não queira a Rotina, as sociedades criaram, transformaram e transformarão a instituição da família, de acordo com as necessidades do momento, de acordo com a evolução mental dos povos.

A evolução das ideias-forças nas sociedades é a pedra que rola. A Rotina será esmagada, ainda que seja substituída por outra Rotina...

Mas, de cada vez, um passo à frente.

Liberdades conquistadas não se perdem mais, senão para aqueles que não a mereciam ainda, os quais a ganharam por esforços de outros, sem as haver conquistado por si mesmos.

Esta família legal é entrave à evolução.

O casamento é contrato no qual uma das partes é lesada, é enganada, é ludibriada (ou ambas...) e no qual todas as testemunhas e até os juízes estão certíssimos de estar lesando a parte fraca.

E desse contrato fraudulento resulta a família, cujos crimes inomináveis são as raízes da prostituição, do celibato da mulher, do infanticídio, de vícios contra a natureza, de loucuras, de crimes passionais.

A ignorância e o servilismo feminino são calculadamente cultivados a fim de que seja defendida e protegida, por tal preço, a instituição da família.

A base da família é a escravidão feminina, é o preconceito criminoso da mulher, propriedade privada do homem.

Família quer dizer: servilismo, ignorância, escravidão, exploração da mulher.

E é a isso que devemos defender, nós mesmas, as sacrificadas do grande harém social?

A monogamia indissolúvel, a família legal defensora da propriedade privada, defensora dos privilégios que constituem a nossa organização social de senhores e escravos, de exploradores e explorados é uma fraude, e, como tal, incompatível com os direitos individuais, incompatível com a evolução para uma liberdade mais ampla, para uma noção mais larga do respeito devido aos direitos do semelhante.

Chegamos à conclusão de Tito Lívio de Castro: "Se a constituição da família se baseia na ignorância e escravidão, ela é incompatível com a evolução". Ou família ou civilização (*A mulher e a sociogenia*).

Poderia ir mais longe, lembrando Ellen Key, Ibsen, Félix Le Dantec, tantos sociólogos e antropólogos, biologistas e pensadores contra a rotina, contra todas as "chapas" da malícia na exploração da mulher pelo homem.

É quase inútil repetir sempre.

Para quê?

Os juízes, emparedados, impermeáveis, têm a sua missão fixada pela lei e pelos costumes, rígida, lógica, a de servir de esteio da moral social, que sabe gritar a plenos pulmões: Liberdade! Igualdade! Fraternidade! e que, entretanto, também sabe fazer a partilha leonina...

E quando chegamos à conclusão de que a mulher ainda hoje está convencida de que o máximo problema humano é a caridade e de que só sabe mover-se em torno da caridade aviltante, quer seja religiosa ou mundana-social, quase desanimamos de tentar o despertar do ser feminino para a visão mais larga de um horizonte mais amplo.

A CARIDADE HUMILHA, DESFIBRA A QUEM DÁ E A QUEM RECEBE

Sentimos que a solução para os problemas humanos não é a caridade que sufoca todas as fibras interiores do que atira, às fauces escancaradas da miséria, as sobras, o supérfluo; a caridade que estrangula todas as energias latentes daquele que estende as mãos para receber, servilmente, o que sobra das orgias e da exploração dos que vivem à custa do trabalho alheio. Por si mesma, a moral, de que se alimenta a sociedade vigente, decreta a própria falência. Essa moral odiosa, de classes de ricos piedosos e de pobres a receberem esmolas, de exploradores caridosos e explorados calculadamente vigiados pela força armada, mantenedora da passividade exterior e da revolta latente dos ilotas modernos, essa moral farisaica, para os ricos aconselha a caridade, a distribuição ostentosa do supérfluo adquirido à custa do suor proletário e para os pobres recomenda a resignação passiva, o receber, humildemente, as sobras que espirram, por acaso, das mesas dos ricos e olhar ainda, agradecidos, para essas mãos orgulhosas que se divertem nas caridades exibicionistas dos salões elegantes, tirando partido das misérias sociais para o seu prazer. Quando novas fórmulas de uma ética mais humana se apresentam para outra organização social de mais equidade, — ainda a mulher está convencida de que a sua mais alta missão na vida é a caridade e só conhece a questão social através da caridade, mas, dessa caridade de chás e tangos e requebros declamatórios nos salões...

Essa mesma mulher que reparte algumas somas para a construção de igrejas ou *crèches* religiosas, explora torpemente os criados, a cozinheira, a lavadeira, a costureirinha contratada para trabalhar, em sua casa, horas e horas, sob o olhar impertinente da mundana ociosa, da criatura "virtuosíssima" que, pelas colunas da imprensa, espalma as mãos dadivosas consolando os infelizes, os desprotegidos da sorte... aconselhando a resignação e a paciência e o respeito e a consideração aos de cima, aos poderosos, cujo poder e cuja fortuna são graças de Deus...

Dá por um chapéu, por uma pluma, um lenço, um vestido de baile, um leque, uma sombrinha, uma joia, por qualquer fantasia, somas fabulosas, inacreditáveis, entretanto, exerce pressão vergonhosa sobre a sua bordadeira que lhe cobra uma miséria por qualquer trabalho feito com sacrifício inaudito, em horas triturantes de agonia, à noite, depois de exausta do trabalho diário do *atelier* — no qual também já lhe tiraram gotas de sangue na amargura da exploração pelo salário quotidiano.

Sentimentalismo que faz chorar ante o *écran* do cinema, e, todavia, soluça em torno da elegância caridosa, toda a miséria ciclópica da luta pela vida. E ela não vê, não quer ver o sofrimento da mulher proletária, envelhecida precocemente, explorada milenar, calculadamente cultivada a sua ignorância através do pão duro de cada dia, no trabalho exaustivo da fábrica, das oficinas, e no lidar doméstico — servindo à ociosidade farta da alta sociedade ou dos bordéis dos vícios elegantes ou da prostituição de "alto bordo".

A piedade das senhoras caridosas não vê, não sabe da luta dantesca de uma pobre moça do povo que resvala na miséria mais negra se não cai nos braços escancarados da prostituição "necessária" nesta sociedade bestial e moraliteísta.

A atividade da mulher elegante só sabe votar-se a essa caridade exibicionista dos salões iluminados, do mundanismo religioso ou patriótico da caridade de rua: dia da violeta, da margarida, do miosótis, do cravo vermelho... onde ostenta a sua beleza ou sentimentos problemáticos de assistência social ou de bondade estudada ao espelho.

A mulher é vaidosa e comodista e os psicólogos femininos, preocupados em agradar, em fazer psicologia de *boudoir* — não perscrutam, não querem ver a falsidade dos altos sentimentos caridosos do mundanismo elegante.

É a farsa que alimenta as "notas sociais" dos diários.

E a mulher prefere continuar a sofrer as consequências do seu servilismo, da sua submissão a desenvolver o caráter, as faculdades de iniciativa para lutar contando com as próprias energias.

Procura conservar o seu parasitismo dourado, indiferente aos males sociais: é odalisca e cortesã, mas, vai à igreja, em horas *chics*, rezar pelo próximo, e, dançando um passo moderno, exerce a caridade.

Como isso é odioso e perverso!

E a mulher, duplamente escravizada, não quis compreender que é necessário, sim, alevantar o ânimo abatido do que luta, do que pensa sucumbir aos embates da injustiça econômico-social, dar-lhe meios de subsistência pelo próprio esforço e fazer dele um indivíduo capaz de ver as castas da civilização de fartos e famintos, de ociosos parasitas vivendo à custa do sacrifício alheio, civilização de protetores e protegidos, de lobos e cordeiros, em que vence o dinheiro, a hipocrisia, em que os mais altos sentimentos se confundem com as mais torpes baixezas, civilização de chibata e azorrague, de avariose e caftismo, de excesso de ociosidade e excesso de miséria.

E tudo, inclusive principalmente a literatura, essa literatura nefasta de elogios, de louvores incondicionais, literatura odiosa endeusando a fêmea, literatura à Júlio Dantas, tudo contribui para o cultivo sistemático da pieguice de chiliques e requebros, do falso sentimento, do sentimentalismo para o público.

E o raciocínio, por si obscurecido através da escravidão feminina secular, da tutela dos dogmas e da moda, dos prejuízos e da rotina, fecha-se sob a chuva de galanteios, de frases feitas.

E a mulher se esquece de que tem mais alguma cousa além da carne, dos seus contornos perturbadores.

Deixa de ser mulher para ser apenas o animal do homem.

A grande miséria, a enorme dor das injustiças sociais vive ao seu lado e a mulher desvia o olhar para poder divertir-se, gozar das suas regalias e do seu comodismo de *bibelot*, de lulu n.º 1, prisioneira nas gaiolas douradas das avenidas elegantes, sempre a mesma escrava, odalisca e cortesã.

A alma feminina jaz adormecida dentro dos trapos, das joias, das caixas de *bonbons* ou dos frascos de perfume, do império da moda — a eterna sultana deste harém de civilizados que ainda compram, vendem, exploram, seduzem, abandonam, por imprestável, a mesma mulher cuja posse exclusiva constitui a sua preocupação única.

É deprimente a situação da mulher superior, neste meio de caftismo social em que os homens não sabem olhar uma mulher senão despindo-a e desrespeitando-a.

E, para que enumerar essas associações atrasadas do feminismo de caridade?

Sem dúvida é doloroso perscrutar as misérias dos famintos, da nudez, dos cortiços.

Mas, não se trata de esverrumar a causa da chaga sangrenta da miséria, mesmo no coração da opulência, ao lado da ociosidade que se diverte cinicamente, depois de atirar uns níqueis para os esfaimados, níqueis roubados ao trabalho árduo dos explorados do salário.

Há apenas a preocupação de se jogar migalhas na boca escancarada da fome, talvez para que nos deixem em paz.

E, divertir-se à custa da dor, da amargura, da fome é insultar o sofrimento.

E a miséria está de tal modo humilhada, deprimida que nem forças tem para devolver, orgulhosamente, os restos que se lhe atiram através dos esplendores dos salões elegantes, por entre as pontas dos dedos enluvados para que não volte um salpico das calçadas a enlamear-lhes as mãos dadivosas.

Não houvesse ociosos fartos, degenerados pelo tédio e pelos vícios elegantes, não houvesse a exploração do homem pelo homem, não houvesse a exploração da mulher pelo homem e da mulher proletária pela mulher parasita, e certo não seria "necessária" a caridade como não seria "necessária" a prostituição, essa perversidade inominável em nome da virtude.

A caridade é a "janela da consciência" aberta para a exploração diurna e noturna do proletariado nas oficinas, nas fábricas, e do camponês, do colono na agricultura.

Para que a elegância brilhe, para que triunfe o mundanismo, para que os *cabarets* e os *casinos chics* regurgitem de ociosos — é preciso que o colono, o campônio e o operário de ambos os sexos seja triturado, dobado, esmagado nas oficinas, na lavoura, nas fábricas, dia após dia, sem tréguas, sem nenhum direito a não ser o direito ao trabalho obrigatório.

É a escravidão moderna do salário, — para matar a fome e cobrir a nudez dos filhos, também cedo destinados à exploração torpe e miserável do parasitismo social, incansável na sua faina de acumular bens para os gozar à custa do suor exaustivo das máquinas de trabalho, dos animais de tiro, do proletariado mundial.

Devemos à superstição governamental, à superstição religiosa sectarista, à superstição patriótica, à superstição nacionalista, à superstição do progresso material, à ganância de uns e ao servilismo da maioria — o predomínio desta civilização de duas classes sociais: a dos ricos e a dos pobres.

A humanidade custará a compreender que a vida social poderia desdobrar-se num ambiente de solidariedade, de auxílio mútuo, sem amos nem escravos, sem protetores e protegidos, sem representações parlamentares em mediocracias diplomadas...

Levará ainda tantos séculos a perceber que as religiões organizadas política e economicamente não são senão instrumentos de exploração dos incautos, dos supersticiosos, dos ignorantes, dos desfibrados, dos sem coragem de convicções, dos ambiciosos, dos moluscos, dos que carecem de coluna vertebral.

Ninguém cresce na sua individualidade, através do intermediário, através da consciência ou, talvez, da inconsciência de outrem.

Não é demais repetir que a atual organização social, baseia-se na ignorância de uns, no servilismo da maioria, na astúcia de outros, no comodismo de muitos, na exploração dos espertos, na fidelidade dos "proxenetas" e *souteneurs* desse caftismo do regime de concorrência, em que tudo se compra e vende, inclusive o Pensamento, o Amor e a Consciência — as mais altas manifestações do que é nobre e belo e grande, do que tumultua na vibração interior da nossa vida profunda.

Outra forma de caridade se desenvolve entre nós: a proteção aos animais. Sem dúvida olhamos com repugnância a exploração e os maltratos aos chamados irracionais. Entretanto, daí para se organizar hospitais e *crèche* para cães e gatos, caminhas com dosséis e colchas de rendas e *lingeries* caríssimas para cães policiais ou lulus-da-pomerânia, daí para haver costureiros de cachorros e cemitérios e mausoléus, — a distância é infinita.

Isso é aberração, é degenerescência sexual, inconsciente embora.

Tenho uma amiga que me diz sempre: "Elas têm razão... Os cães não falam... Para aquelas que os podem suportar na intimidade, para as anormais desse quilate — é ideal essa discrição".

Não vou tão longe, não julgo tão severamente a todas as protetoras de animais. Entretanto, no fundo do inconsciente feminino, é, talvez, uma válvula de escapamento...

E, a miséria campeia ao lado desses animais felizes, vivendo principescamente. E, nos cortiços e nas mansardas, crianças morrem de frio e fome, de tuberculose e maltratos, de degenerescência física, de miséria fisiológica e de amargura e angústia por falta de amor.

SEGUNDA PARTE

O ídolo da honra

DESGRAÇADA!

Leio nos jornais:

> Estava presa na delegacia do 2.º distrito, uma menor de quinze anos de idade e que era acusada da prática de um pequeno furto.
>
> O comissário ali de serviço levou-a para o quarto do delegado onde a desgraçou.

Não compreendo mais nada.

Dentro das contradições da moral burguesa-capitalista tudo é um caos ou melhor: tudo é feito para o prazer bestial do mais forte.

Há uma polícia para manter a ordem e reprimir a desordem, para assegurar e garantir os bons costumes, reprimir o roubo e velar pelo bem-estar social, e, entretanto, as crônicas policiais de todos os tempos nos mostram que é essa mesma polícia, que é essa mesma força armada a causadora de violências de toda espécie e, ao mesmo tempo, a defensora, a salvaguarda da moral, dos bons costumes, da instituição sacrossanta da família burguesa.

Nas guerras, nas revoluções, nos sítios, nas delegacias — o soldado ou o oficial viola mulheres e está de serviço para velar pela segurança pública.

A polícia de costumes vigia, ferozmente, a prostituição barata e são os altos-comissários dos bons costumes os frequentadores assíduos dos *cabarets*, das casas de tolerância, dos *casinos* e dos bordéis.

É, para eles, reservado o que há de melhor...

Prendem, maltratam a pobre mulher que procura ganhar o pão nas calçadas, à custa de sacrifícios inauditos, de humilhações ferozes dos clientes de toda espécie, entretanto, a alta prostituição, a prostituição miserável dos salões *chics* é cultivada carinhosamente para o prazer brutal dos coronéis da política e da indústria.

Prendem, maltratam, violam uma menina acusada de pequeno furto, uma menor irresponsável, entretanto, estão a serviço dos homens de Estado, dos bandidos de casaca, ladrões do erário nacional, políticos profissionais em negociatas rendosas, a serviço do capital assassino de milhões de vítimas, sob todas as formas imagináveis, — estendendo os mil braços de Briareu insaciável por aonde quer que respire uma criatura humana.

É perseguida, todavia, *"pour épater les bourgeois"*, já se vê; e perseguida ferozmente — a necessidade, a salvaguarda da castidade forçada, da inocência (!) das *jeunes-filles*, das *demoiselles* da alta e da pequena burguesia petulante.

É incrementada, é homenageada, por outro lado, a alta prostituição, a prostituição das marechalas da elegância, aquela que vive nababescamente, que exige roubos fantásticos para a sua manutenção, que se presta a seduções de diplomatas — para a compra e venda de armas e munições de guerra dos grandes industriais da chacina — em nome do dever sagrado da defesa da Pátria, adorada, idolatrada, salve! salve!...

E são essas mesmas damas elegantes, caridosas e piedosas as que organizam a proteção aos animais...

A prostituição é necessária, declaram os sociólogos burgueses; é a salvaguarda da família e da sociedade. Mas, a moral e os bons costumes são constrangidos a perseguir e a regulamentar a prostituição!

E, nos países latinos, o culto ao hímen, a himenolatria é causa de crimes bárbaros, de tremendas injustiças, de sadismo moral, de desgraças incomensuráveis.

A himenolatria é a religião de maior número de adeptos entre nós, o culto de mais ferozes sectários.

Por causa de uma insignificante película de carne que se rompe (e que às vezes nunca existiu e que tende a desaparecer) a mulher ou é a grande dama, depois de casada, proceda como proceder, tendo o editor responsável, ou é a que se "desgraçou" irremediavelmente, a que se destina à prostituição.

Quando chegará a mulher a compreender toda essa farsa ignóbil, toda a tragédia do seu sacrifício, quando sentirá que o seu corpo é sua propriedade e de mais ninguém e quando reivindicará o seu direito de ser humano para ensinar a esses jornalistas idiotas que são eles os desgraçados, porque nada perceberam da vida e do amor ao próximo; para ensinar aos comissários da polícia e dos bons costumes que um ato praticado, violentamente, contra quem quer que seja, só pode desgraçar a quem o pratica e o desgraça até o fundo da alma, se é que essa gente tem alma para sentir algo de nobre e generoso.

Desgraçada!

Por que desgraçada, se é uma vítima indefesa dessa miserável ordem social de caftens e proxenetas, de *allumeurs* e *parvenus*, de ladrões e comissários da polícia e dos bons costumes?

Perdida!

Por que perdida, se a sua alma não foi conspurcada, se a sua consciência encontrou um meio de conhecer melhor, de conhecer de perto as fealdades e as misérias das delegacias dos bons costumes e da gente honesta?

Por que perdida ou desgraçada, se o comissário agiu dentro dos princípios da moral burguesa-capitalista, em que a mulher é apenas o instrumento de prazer bestial de todos os comissários do ouro, da indústria, do poder e dos bons costumes?

E essa menina não foi denunciada por uma dama da boa sociedade, como tendo praticado um pequeno furto?

E essa virtuosíssima senhora, casta e pura e caridosa e piedosa não perceberia até aonde poderia levar o infortúnio a essa pobre menina do povo?

E, se essa menina não passa de máquina de prazer ou instrumento de baixa volúpia, se é mais um número no quadro doloroso da prostituição das calçadas — para alimentar parcamente esse corpo habituado à miséria, à nudez, aos maltratos, e para saciar a fome brutal de clientes desgraçados, como esse comissário — por que razão é ela a perdida?

Quando chegaremos a compreender que nenhum ato, nenhum incidente ou acidente na vida nos perde — se a nossa consciência se aviva através desse ato ou dessa atitude, se a nossa consciência nos ilumina melhor as veredas interiores, se uma lágrima ou um sorriso nos ensina algo de mais profundo ou de mais doloroso?

Essa menina cresceu dentro de si mesma e uma revolta sagrada com foco de luz inunda todo o seu ser de sacrificada dentro de uma civilização de bárbaros insaciáveis.

Desgraçada, não: iluminada pela dor.

O comissário é que se desgraçou a si mesmo com o gesto brutal do seu instinto desregrado, com a sua perversidade inominável, aproveitando-se dos direitos que essa miserável moral farisaica concede ao seu sexo faminto de baixezas e à sua posição de autoridade despótica, a velar pelos bons costumes... Ou não chego a compreender cousa alguma, ou o desgraçado é o que abusou da fraqueza de uma criança.

SEDUZIDAS E DESONRADAS

Multiplicam-se, assombrosamente, as notícias de suicídios diários: moças seduzidas pelos namorados, com promessas de casamento.

Os jornais procuram fugir à responsabilidade, apontada no ruído com que tratam todos os pormenores, publicando cartas e noticiando os incidentes e particularidades das tragédias amorosas.

Mas, a imprensa é, realmente, a que cultiva e incita, a que maior culpa tem no crescendo desses atentados à própria vida.

Os jornais são feitos sob a rigidez perversa da moral burguesa-capitalista e feitos, na sua maioria, pelos homens — bem instalados na vida sob o ponto de vista sexual — e, se há mulheres nas redações, no jornalismo, pensam e agem também dentro da hipocrisia farisaica dessa moral fossilizada e pesada de crimes.

Pelo código desse moraliteísmo, a mulher virgem que se entrega a um homem, nada mais tem que fazer senão o suicídio, se é abandonada.

Dentro desta moral, a jovem está *desonrada*, *perdida*, *desgraçada* e tem de carregar o peso de todos os atributos que procuram inutilizar para a vida uma criatura humana.

Nunca a perversidade dos seres ditos racionais foi mais longe do que na concepção estreita na qual a mulher (animal seguindo a mesma escala zoológica de todos os animais, com as mesmas necessidades fisiológicas e os mesmos direitos de indivíduos na multiplicação da espécie e na liberdade sexual), nunca a maldade humana desceu tanto quando decretou que a mulher deve guardar a virgindade para entregá-la ao "esposo", em dia determinado previamente. Os pais, o escrivão de paz e o padre anunciam aos convidados que naquela noite o noivo vai romper uma película de carne do corpo de sua amada. É o culto ao hímen. A himenolatria dos cristãos civilizados.

Profundamente ridículo.

E que de humilhações tem sofrido a mulher através desses costumes de canibais.

E ai daquela que se descuida do protocolo.

Se hoje não é lapidada, se não é enterrada viva como as vestais, se não é apedrejada até a morte, se não sofre os suplícios do poviléu fanático de outros tempos, inventou-se o suicídio: é obrigada a desertar da vida por si mesma, porque a literatura, a imprensa, toda gente aponta-a com o dedo vociferando o *desgraçada, perdida, desonrada, desonesta*, abrindo-lhe as portas da prostituição barata das calçadas. E a vítima é cercada pelo cortejo da miséria, da sífilis, dos bordéis, das humilhações, do hospital e da vala comum.

Miserável moral de coronéis, de covardes, de cretinos.

E o homem cresce com as suas aventuras, adquire prestígio, fama, glórias até mesmo e principalmente entre o elemento feminino.

Dentro da concepção estreita e má dessa moral de tartufos e proxenetas, moral de senhores e escravos, o mesmo ato praticado por dois indivíduos de sexo diferente tem significação oposta: a mulher se degrada, torna-se imoral, está irremediavelmente perdida, se não encontra um homem para lhe dar o título de *esposa* perante a lei e as convenções sociais. E o homem é o mesmo, talvez tendo adquirido mais prestígio, valor de estimação perante as próprias mulheres e será invejado pelos homens.

Essa moral nada difere da moral de algumas tribos primitivas que os etnógrafos de gabinete estudam com curiosidade e admiração, esquecendo-se de que nós, os civilizados, somos mais selvagens e tão primitivos quanto os mais primitivos dentre todos os selvagens.

O que espanta é a atitude servil da mulher — a imbecilizada secular — a santa mente fechada para perceber a idiotice da moral cristã (em nome de Cristo quantas barbaridades se cometem!), a sua perversidade sempre que julga e condena outra mulher.

Não quer ver o seu direito de animal na escala zoológica, o dever de ser dona do seu próprio corpo e senhora da sua razão, da liberdade de dirigir e governar os seus impulsos, como lhe aprouver.

A educação, a rotina, a tradição, o confessionário se encarregam do que falta para fechar, num círculo de ferro, o cérebro da mulher, não deixá-lo raciocinar e perceber a tutela milenar que a tem submetida pelos preconceitos e dogmas religiosos — exclusivamente para o prazer bestial do sexo forte, que, por ser forte, é o mais bem aquinhoado na partilha do leão.

Mas, a mulher não se deixa lesar... O casamento é a porta aberta para o adultério. E ela mente, engana, atraiçoa. Serve-se da astúcia e da hipocrisia — as únicas armas de que pode dispor.

Porque, os homens vulgares, e são quase todos, preferem ser enganados...

Uma grande parte, porém, inexperiente, as mulheres moças, apaixonadas, emotivas, desiludidas recorrem ao suicídio como a porta de salvação para a sua angústia. Esse crime arrebata à vida tantas energias moças. É o resultado da moral farisaica dos cristãos piedosos e caridosos — cujo porta-voz é a imprensa, quer seja governista ou oposicionista, religiosa ou laica.

As pobres mulheres apaixonadas não chegam a raciocinar um instante sequer para compreender, para sentir que o nosso coração tem mais de uma primavera, que isso a que chamam de amor pode ser renovado, que amamos mais de uma vez na vida, de acordo com o temperamento ou as etapas de evolução, porque, nem todos são eleitos para chegar a realizar o grande amor...

Não perceberam que as nossas idades de ouro, os quinze anos, os vinte e cinco, os trinta e os quarenta nos ensinam experiências sempre mais belas progressivamente e nos dizem cousas lindas através das ilusões do amor que, em todas as idades tem a sua perfumada estação de sonhos e de esperanças novas. E é belo e profundo saber amortalhar as ilusões...

Desfeita uma visão, outra virá, talvez mais bela, povoar de imagens a nossa imaginação irrequieta, na escalada de uma evolução mais alta.

E, se uma experiência amorosa nos deixa o travo da amargura, é, por sua vez, degrau para subir os visos de uma ilusão maior.

Não viram que a liberdade sexual do homem é ilimitada, que ele não é considerado perdido, que se não desgraça porque usa e abusa dessa liberdade e que não é natural nem justo uma moral para cada sexo.

E a eterna tutelada, o idiota milenar ainda hoje, em pleno século de tantas reivindicações femininas, se esquece da mais importante das suas reivindicações — a de ser dona de seu próprio corpo, a da sua liberdade sexual, a do ser humano com direito à alegria de viver a vida integralmente, em toda a sua plenitude.

E suicida-se porque foi *seduzida*, porque a *desgraçaram*, porque está *perdida*.

Santa ingenuidade.

Por que razão pôr fim à sua *vergonha*, se isso a que os jornalistas chamam de vergonha é a iniciação na mais bela das Leis Naturais, o *abc* da Lei Máxima, a Lei do Amor, a Lei da integração de dois seres no espasmo da Harmonia Universal?

E é desprezando as Leis Naturais, as Leis não escritas — que os homens, servindo a interesses egoístas, tão pequeninos, escrevem e legislam as suas leis de lamentável perversidade, encurralando o coração humano na jaula de ferro de uma justiça de fogo, matando a sensibilidade das criaturas na aridez de uma moral fria, sem alma, torpe, assassina de milhões de vítimas, sacrificadas no templo do Moloc dos preconceitos sociais.

NUTRIÇÃO E SEXUALIDADE

Quando ouço alguém censurar a nós outros, os defensores da liberdade integral da mulher, quando leio as páginas moraliteístas dos religiosos de quaisquer credos, anatematizando-nos com expressões deprimentes, falando de "materialismo grosseiro", "satisfação dos instintos inferiores", de "certas ideias que só servem para arrastar as criaturas humanas à animalidade", de "filhos da carne" — referindo-se aos filhos naturais, (como se todos não fossem naturais), — imagino quanta santidade põem esses fariseus nas suas visitas às casas de *rendez-vous*, aos lupanares ou aos bordéis — de onde costumam trazer a sífilis ou a blenorragia para degenerar a prole através do martírio inominável da esposa "legítima".

E protesto intimamente, em nome dos animais... Conduzir à animalidade?

Em questão sexual, se obedecêssemos às vozes animais que pontificam em nós, certo estaríamos dentro das leis biológicas.

Observando o instinto sexual dos animais, veremos a sua moral natural mais elevada que a moral sexual dos cristãos civilizados e piedosos.

A cada instante ofendemos aos animais, comparando os nossos vícios e as nossas baixezas à sobriedade e ao equilíbrio harmonioso dos chamados irracionais.

E vamos mais longe. O homem vicia os animais domésticos... Que perversão!

Entretanto, entre os instintos que nos fazem descer abaixo dos animais, destacamos a necessidade de nutrição.

O instinto de nutrição está abaixo do instinto sexual, dizia-me A. Néblind. Pelo menos, vive da exploração...

Pelo instinto de nutrição o homem degrada até o vício, até as aberrações do abarrotar das vísceras, cousa que os animais desconhecem, porquanto se alimentam com sobriedade digna apenas dos maiores filósofos humanos como Cristo, Epicteto ou Espinosa.

Certo não falamos dos animais domesticados e fiéis ao homem... feitos à sua imagem e semelhança.

O instinto sexual é criador de vida. O instinto de nutrição é destruidor, raciocinava meu amigo.

Pelo instinto sexual é que nasce, cresce, desenvolve-se o amor em todas as suas tonalidades mais delicadas, em todas as suas fases múltiplas para as altas possibilidades das grandes realizações interiores — através da dedicação e das voragens de soluços da tragédia de ser dois...

É pelo instinto sexual que se pode realizar o glorioso milagre humano da seleção da espécie.

É pelo instinto sexual que podemos dispor de nós mesmos e dar o prazer integral, na afinidade eletiva com outro indivíduo, sem lesarmos a quem quer que seja.

Se alguém sofre porque amamos ou somos amados é porque é inferior, porque não soube libertar-se do preconceito do instinto de propriedade egoísta, perverso, nunca porque o lesamos direta ou indiretamente.

O instinto de nutrição vive do esforço de outrem, do martírio inominável da maioria, da tragédia de todos, na luta dantesca pela subsistência.

Quando eu como um pedaço de pão — quanto já exigi de milhões de indivíduos e quantos desses trabalhadores anônimos morreram de esfalfamento e de fome para que eu me alimentasse.

E, mais longe: se como carne, que de baixezas, que de perversidade acumulada pela hereditariedade, e quanto preconceito foi preciso inventar para desculpar ao nosso instinto sanguinário de canibais a sacrificar o animal. E nos alimentamos de cadáveres fumegantes, condimentados de ódio e de revolta.

Mas, quando duas criaturas se amam e se confundem num beijo de ternura — nenhum sacrifício é exigido, nenhum ser é explorado, nenhuma tragédia humana se verifica.

E, se desse carinho nasce outro ser, é um esforço a mais, é outra criatura que vem para ajudar, é uma unidade em prol do esforço comum.

Como é falsa a concepção teratológica da piedade civilizadora, ao julgar severamente o instinto da necessidade sexual e ao analisar superficial e comodamente o instinto da nutrição da espécie.

O primeiro é criador de força, de beleza, de harmonia. É o esforço para a unidade... É a escalada universal. O segundo é a destruição, é o aniquilamento, é a intoxicação, é a absorção do esforço alheio, é o parasitismo, e, dele provém toda a tragédia da vida humana.

Poderia encarar o assunto sob outro aspecto: "deveres primordiais da mulher como esposa e mãe", segundo a concepção estreita dos que a proclamam *deusa* e *rainha* — fiel, servil, obediente, domesticada...

Os deveres primordiais da mulher são os deveres do indivíduo para consigo mesmo: antes de ser esposa e mãe, a mulher é criatura humana com direito ao respeito a si mesma, com direito à liberdade de viver, com o dever de buscar, por si, a plenitude da realização interior.

E para saber amar, não precisa ser esposa: basta ser mulher.

A esposa é produto artificial dessa mesma legislação que faz da mulher uma cousa, a propriedade privada do homem. Além de tudo, tem muita razão Bataille: "[...] na vida, o papel de esposa não precede nunca e segue sempre o cortejo".

Só pela liberdade nos emancipamos. Emancipar-se é conhecer-se. Emancipar-se é realizar-se. Emancipar-se é ficar fora das leis e das convenções sociais, ser tão antissocial quanto possível — sem paradoxo — por amor ao próximo.

Sou anacionalista. Não reconheço pátria nem interesses nacionais, senão quando estes se confundem com os interesses humanos.

Os homens e as mulheres eu os vejo sob o aspecto biocósmico.

E meu sonho de amor e fraternidade vai buscar sua origem e se alimenta da palavra socrática, cuja irradiação vem do templo de Delfos: "Conhece-te a ti mesmo"; fortifica-se na figura universal do Cristo que, do deserto da sua individualidade, vibra o seu imenso apelo: "Ama segundo o teu coração e não segundo a lei"; cresce no simbolismo rabelaisiano, cuja divisa está escrita na abadia de Thelema: "Faça o que quiser"; e desabrocha em toda a sua plenitude, em toda a sua infinita bondade, em toda a sua beleza incomensurável na sabedoria hanryneriana: "Conhece-te a ti mesmo — *para aprenderes a amar*".

QUEM NÃO TIVER PECADO QUE ATIRE A PRIMEIRA PEDRA

[...] a vida me castigava sem cessar, e as únicas palavras piedosas me disseram as irmãzinhas bondosas de minha infortunada juventude: as prostitutas.

E por isso, sinto pelas prostitutas, por todas as prostitutas, até por aquelas que a vida embruteceu até o álcool — nos estreitos tugúrios — e até o delito, uma gratidão imensa que chega à adoração.

São os únicos seres que não especularam sobre a minha miséria e não intentaram violentar a cerrada independência selvagem de meu espírito.

Encontraram-me morto de fome nas ruas populosas das metrópoles cosmopolitas e me deram um leito quente, uma bebida confortadora, um beijo, uma carícia.

Irmãzinhas boas da minha juventude, eu quisera ser um poeta, grande poeta para escrever um poema eterno de vossa piedade.

MARIO MARIANI, "IRMÃZINHAS"

Albert Londres, em sua reportagem em torno do tráfico das brancas — *Le Chemin de Buenos Aires* — transcreve as cartas de uma mãe francesa ao cônsul da França em Buenos Aires, pedindo para procurar sua filha que ela supõe, com justas razões, ter sido vítima do tráfico, solicitando encarecidamente as mais sérias providências, visto como havia recebido uma sua carta e três cédulas de cem francos, o que lhe parecia quantia exorbitante para uma moça que ganha a vida pelo trabalho.

O consulado e a prefeitura de polícia de Buenos Aires encontram facilmente a jovem Germaine x, Mademoiselle Rubis ou Mademoiselle Opala...

A moça é levada à polícia e declara que é maior e que trabalha para tirar a família da miséria. Que não voltará, embora se comova a soluçar, lendo a carta de sua mãe. Segunda carta decisiva, vinda de Paris e anunciando o recebimento de mais quatro notas de cem francos, soma considerável para uma pobre costureira enviar à sua família.

É o próprio Albert Londres quem oferece os seus serviços ao consulado do seu país, para conseguir que a jovem volte para a terra natal.

Ao ler a segunda carta de sua mãe, a moça não pode conter os soluços angustiosos. E diz:

"— É por minha mãe, é por meu irmão que aqui estou. Para ambos. A miséria era horrível. Nenhum carvão no inverno.

Nenhum dinheiro para nos tratarmos. O que eu ganhava nem mesmo dava para eu sozinha comer e três deviam viver.

Então, minha mãe saía para trabalhar, ela que nem podia quase andar.

Não! Não!

— É preciso que não lhe digam o que estou fazendo. Deviam mesmo lhe escrever que eu sou muito séria. Tudo isso é a inveja dos vizinhos porque hoje ela come e pode ir à farmácia. Eu é que devo aqui ficar, eu sim! Dentro de dois anos terei 150 mil francos. Voltarei. Comprarei um negociozinho. Não mais verei os meus sofrer.

Não são os outros que vivem com a minha miséria."

E me lembrei da ironia de Bernard Shaw em *Mrs. Warren*: É a única profissão em que a mulher pode economizar...

Um pouco de piedade, um olhar de solidariedade e gratidão, senhoras honestas, para as mulheres à margem da moral social, atiradas aos prostíbulos pelos próprios homens de bem, enganadas miseravelmente na adolescência e obrigadas depois a vender ou alugar o corpo para matar a fome e cobrir a nudez, além de distribuir uma carícia indistintamente, num gesto dadivoso de generosidade nobre, porque, sem amor...

Em troco do desprezo e do desdém, repartem o carinho, sem a esperança de uma retribuição à altura do seu sacrifício inaudito, que nós outras, de modo algum poderíamos avaliar.

E cada vez que a literatura ou o jornalismo quer ofender ou magoar à intelectual, à livre-pensadora, chama-a de meretriz ou prostituta.

E são os homens que precisam das meretrizes.

E há prostitutas porque há moral. E porque há homens.

A virtude da família exige a rameira.

A prostituição é o corolário do casamento. A moral burguesa assenta-se firme por sobre a coluna da prostituição.

A prostituição constitui o exército de salvação da moral. Nos extremos da moral cristã, estão — a prostituta e a solteirona — as duas vítimas da sacratíssima instituição da família legal.

E a esposa legítima entra em contacto com a meretriz, através do marido...

Formidável organização social de tartufos da monogamia indissolúvel!

A mulher foi sempre, é ainda hoje, objeto de compra ou venda, injuriada, maltratada, insultada, desprezada, ridicularizada pela sociedade, regida, administrada, codificada, policiada pelos homens, os quais não deixam à sua companheira nenhum outro meio de vida senão a prostituição legalizada no casamento de conveniência ou a prostituição clandestina ou das ruas — também legalizada pelo Estado, que a regulamenta *pour épater les bourgeois*...

Só o tartufismo moraliteísta pode tratar a mulher de prostituta, pois se é quase a única solução que lhe deixa a sociedade para a sua subsistência.

Se o homem, a sociedade, os governos vivem e prosperam com a exploração das prostitutas, se a meretriz dá ao homem o prazer, à sociedade o seu equilíbrio moral e aos Estados o seu equilíbrio financeiro — é ação vil, miserável, abominável desprezar o *estado civil* das desgraçadas cujo sofrimento é, para toda gente, o gozo, a tranquilidade e as rendas...

Admirável organização social em que os altos rufiões da indústria e da política se apresentam fantasiados de vestais...

Quer queiram ou não os defensores da estagnação moral, cadáveres ambulantes, fariseus destas terras de Otelo e Barba-Azul e Don Juans de capa e espada — a natureza salta por sobre todos os tapumes da moral social, por cima de todos os cinturões de castidade inventados pelos bons costumes, pelo tartufismo dos cruzados modernos.

Só o Amor arrebata um ser ao rebanho, diz a sabedoria do filósofo do sorriso.

E só não há prostituição quando o amor é divinizado na alegria de viver integralmente, quando uma mulher escolhe livremente o seu companheiro e dele não precisa para a sua manutenção e subsistência, porque não é parasita social e vive do seu trabalho.

É através da dor de se ver apedrejada pela opinião pública, pela sociedade, só através da solução do seu problema individual é que a consciência feminina há de despertar para a única emancipação possível da mulher, nesta admirável organização dos cavalheiros de indústria — a emancipação da mente, do *eu* interior e dos sentidos, a liberdade de dispor de si mesma sem pedir licença a um dono e senhor e proprietário, dentro ou fora da legalidade.

Até quando permanecerá a mulher fechada no sapatinho de ferro da moral unissexual da sacratíssima instituição da família? Que pretensão querermos solucionar o problema alheio ou decifrar o segredo íntimo de cada ser humano!

A literatura, o jornalismo masculino sempre pretendeu ser o intérprete dos sentimentos femininos que dificilmente conhece, porquanto o homem sente como homem e a mulher sente como mulher.

Façamos a psicologia de um ou outro sexo, concordo, observemos, cataloguemos fatos, porém, que razão temos para resolver, nós outros, deste ou daquele modo, *a priori*, os problemas das criaturas humanas?

Ademais, cerceada a mulher ao papel deprimente de cortesã ou escrava de harém, aprendeu a astúcia e a mentira, a hipocrisia e a arte de enganar seduzindo. Os homens não as querem à sua imagem e semelhança... como aos deuses?

E a mulher superior, a que conhece os seus direitos à liberdade de viver em toda a plenitude do seu ser livre, tem de sofrer as consequências da reivindicação a um lugar ao Sol da felicidade integral, ao direito de escalar os tapumes do redil social, onde balem as ovelhas do rebanho humano.

Essa mulher rara, Isadora Duncan, é a ponte entre a mulher escrava, hipocritamente honesta e estupidamente servil e a prostituta, inconsciente e duplamente escrava e servil, hipocritamente emancipada e estupidamente supersticiosa.

A mulher honesta e a prostituta são dois extremos que se aproximam na mentalidade estreita e na escravidão sexual.

Na aparência supomos vê-las tão distantes uma da outra, e, na realidade, o tipo psicológico é mais ou menos o mesmo, divergindo apenas os métodos de vida.

E a prostituta aprende mais e se liberta mais depressa, se é inteligente, se as suas experiências dolorosas lhe falam à alma, se tem coração sensível para saber engolir as lágrimas na dor das suas irmãs sacrificadas à virtude da mulher honesta.

Esta, a mulher chamada virtuosa, fechada num ambiente estreito, circunscrita a sua observação ao âmbito deprimente, sob o ponto de vista intelectual, do meio familiar burguês, morre velha sem conhecer o que é a vida, presa calculadamente — a fim de que não chegue a raciocinar e não descubra que tem direitos, espezinhados pelo egoísmo sórdido dos interesses de uma sociedade, cuja família é alicerçada por sobre a ignorância e a escravidão disfarçada da mulher — a deusa e santa e anjo e senhora e rainha do lar...

Entre a solteirona e a prostituta, entre a mulher chamada honesta e a meretriz a diferença é mínima, psicologicamente observando.

E quanta alma de prostituta vive no conchego do lar carinhoso da família virtuosíssima e legalmente constituída.

E quanta pureza e quanta virtude e quanta generosidade na alma de mulheres, pelos prostíbulos... grandes lótus iluminando pantanais, flores exóticas perfumando corações no silêncio do anonimato. Tragédia feroz a da prostituição "necessária" para salvaguardar a honra da família!

Odiosa organização social de vendilhões da consciência e tartufos miseráveis a esmagar o coração humano.

HONRA DE GALO

Leio nos jornais:

> "Enquanto a esposa dormia, aplicou-lhe uma machadada na cabeça."
>
> "Louco de ciúmes, atraiu a companheira para um lugar deserto e a matou a canivetaços."
>
> "Desprezado pela amante, assassinou-a a golpe de navalha."
>
> "Pediu à noiva um copo d'água e matou-a a tiros, pelas costas."
>
> "Em um bordel da rua... foi assassinada a meretriz de nome..."

Dois touros se defrontam para a conquista de uma novilha.

Por trás das cercas do curral, toda a fazenda se movimenta para gozar o espetáculo empolgante.

Ninguém se atreve a aproximar-se.

As pernas enrijadas em músculos de aço, frêmito ao longo do dorso, sustentam a luta nas pontas capazes de estraçoar as vísceras do adversário.

Não é possível nem sequer tentar separar os dois brutos.

Combate de forças fantásticas, guerra sem tréguas até colocar o inimigo exausto e vencido. Combate singular em que a vitória cabe, sem dúvida ao mais valente.

Não é guerra de morte. É a vitória da força. O vencido cambaleia escorraçado, batido, desonrado.

O vencedor ergue gloriosamente a cabeça e vai farejar a sua conquista de animal e o seu prestígio cresce e o seu andar e toda a atitude do seu corpo possante denotam o orgulho de ser forte, a vaidade de ser único.

Dois galos sangram-se com os esporões valentes, arrastados ambos pela força selvagem dos instintos baixos de egoísmo feroz, pela energia incoerente, impulsiva, dos seres primitivos — dentro do objetivo de vencer pelas armas naturais, de dominar sozinho, de ser o único macho no terreiro, o dono, o invencível, o senhor exigente, proprietário exclusivo de toda uma capoeira.

O homem não tem vergonha de se nivelar ao galo, ao touro, aos que vencem com as esporas, as pontas, as garras ou os dentes.

Tem bem razão o grande Pinard: "A procriação ficou o que era na idade das cavernas".

Toda a questão sexual, o problema do amor é ainda o do troglodita feroz.

Não. O homem civilizado é mais covarde.

Acrescentou às armas naturais, as armas e munições. Toda a indústria e toda a ciência a serviço da perversidade humana.

Essa "honra" que o homem "lava" no sangue da sua vítima, essa honra problemática, encastoada, pela força da lei, da rotina e das convenções sociais, no corpo da sua companheira indefesa, essa tão decantada honra, esse ídolo feroz, é a mesma honra do galo, do touro, do cão ou do gato.

É o egoísmo ancestral, é o instinto da besta-fera, é a vaidade sensual do macho, e nada mais.

O ser que se diz racional e humano ainda não surgiu de dentro da bestialidade do animal.

As tragédias conjugais, os ciúmes criminosos não passam de lutas de galos no terreiro ou dos garrotes no curral.

E esses mesmos donos, proprietários legais ou convencionais do sexo fraco, fazem criação de galos para se divertir, como homens perversos que se divertem com as brigas dos garotos.

E, por trás dos tapumes e das cercas, o fazendeiro e os colonos e caboclos assistem, radiantes, à luta feroz entre os touros invencíveis.

Sorriem entre si, com ares de superioridade, como se sorrissem para as fraquezas das crianças.

E procedem com a mesma fúria infantil e selvagem, indomável e primitiva, dos que principiam a escalar o ciclo da Vida.

São os mesmos instintos, as mesmas forças vibrando incoerentes em meio do tumultuar caótico do vir a ser do esforço de todas as cousas para a transformação da matéria ou para um "devenir" mais alto.

Grande a diferença: o touro, vencido ou vencedor não maltrata a novilha, nem o galo esporeia as galinhas que se entregam ao mais valente.

A luta é apenas entre os dois machos — para a conquista e a glória do primeiro entre os primeiros.

Conquista selvagem, glória de apetite bestial insaciável.

Nas tragédias humanas há muito mais: sendo a mulher a propriedade privada de um homem, a sua presa — é também "culpada" e deve submeter-se à "justiça" do seu proprietário legal ou não, do senhor feudal de um feudo inexpugnável, acastelado na rotina, nos prejuízos sociais, na ignorância cultivada da sua companheira — eterna infantil, a tutelada milenar.

Juízes, magistrados, acusadores e jurados são outros tantos machos a defender os seus direitos e é por isso que os matadores de mulheres são sempre absolvidos pela lei — cúmplice na "defesa sagrada da honra" do sexo masculino... no corpo da mulher.

E a civilização — curral de touros.

A sociedade — cenário de rinha.

O homem — galo de briga.

Espetáculo deprimente da cristandade piedosa. E o Nazareno perdeu tanto tempo a pregar *"Não matarás; Ama ao teu próximo como a ti mesmo; Não julgueis para não serdes julgado; Quem não tiver pecado que atire a primeira pedra".*

E é em nome dessa doçura, dessa bondade, desse amor — que os homens estraçalham a sua companheira ou se estraçoam entre si, como os tigres e os chacais.

E a rotina é implacável: no teatro, na imprensa, na literatura, na educação, no púlpito como nos palcos e na oratória secular, na sociedade como na família — tudo incita à defesa dessa honra de brutos, honra de besta-fera encurralada nos instintos baixos de animal egoísta até o exclusivismo do ciúme, injustificável numa criatura evolucionada.

Quando chegaremos a compreender que a mulher, como o homem, é dona do seu próprio corpo e dele pode dispor à vontade, iluminada pela sua consciência — a única lei para o que aprendeu a respeitar-se a si mesmo?

São verdades tão conhecidas as que proclamam a evolução da mulher pela mesma escala zoológica do homem, com as mesmas necessidades fisiológicas e o mesmo direito à liberdade de eleger, para companheiro, o que lhe parece melhor ou mais apto, sob o ponto de vista da sua capacidade para admirar: como animal belo ou forte, como mentalidade ou como grandeza ética numa extraordinária realização interior.

Que direito tem o homem de impedir as suas experiências através do amor, como através de quaisquer das contingências da vida?

Que pode todo o arsenal das armas contra o sentimento afetivo, contra a livre escolha do coração, contra o Amor, em qualquer das suas manifestações?

Esse palco não diverte; cenário de tragédias dolorosíssimas, mesmo quando o protagonista se entrega à polícia e confessa, valente, cínica ou altivamente o crime que devia "defender" e "lavar" a sua honra, "conspurcada" pela esposa, pela amante, pela noiva ou pela última prostituta com quem vivia, cenário tragicômico-macabro — nem chega a ser ridículo, porque vai além do sorriso irônico da piedade irreverente.

E doloroso é verificar que a maioria dessas tragédias se dá nos meios proletários.

É o escravo sacrificando a sua escrava. É o boi de tiro martirizando a criatura única a mitigar a sua sede de esfalfado no turbilhão da corrida social para a dissolução e a morte.

E são os latinos cristãos, piedosos e caridosos. É o italiano teatral, o espanhol *valiente*, o português feudal, o brasileiro "bandeirante", almas medievais, é o cavaleiro andante das castelãs e anjos e deusas e rainhas e santas, o protagonista no cenário dos crimes passionais.

Os latinos, mesmo os rotulados com títulos pomposos de homens livres, de libertários de quaisquer "ismos", de revolucionários, homens de ideias, homens de princípios avançados, todos, absolutamente todos têm a alma feudal e o instinto do sadismo moral, e, se pudessem, empregariam, ainda hoje, o cinturão de castidade dos cruzados, para se assegurarem da "pureza" das suas companheiras...

E essa gente mata em nome do Amor, como os inquisidores e os autos da fé queimavam os heréticos, em nome daquele Cristo simples, aureolado de bondade, iluminado de beleza, nimbado de serenidade e paz e grandeza interior.

Ninguém me convence de que o Amor é sádico e exclusivista, egoísta e criminoso. O que ama, não faz sofrer. O Amor não martiriza, não mata, não exige, não procura dominar.

O Amor é fonte de vida e é através do Amor que os seres sobem a escalada para uma finalidade mais alta.

O que é sádico e exclusivista, o que tem ciúmes, o que se vinga, o que mata é o instinto, é o ser ancestral bestializado, impelido pela mesma força inconsciente, pela mesma vibração selvagem, brutal que estimula o galo, o touro, o tigre ou a pantera a lutar pela posse exclusiva da fêmea.

E a honra "lavada" pelo homem é a mesma honra das hienas, das toupeiras, dos touros no curral ou dos galos no terreiro.

As expressões retumbantes, as palavras mágicas, a linguagem humana está a serviço das paixões, das baixezas, das misérias sociais, a serviço do instinto e da bestialidade civilizada.

Honra de galos, dignidade de touros, reivindicações de brutos famintos, insaciáveis.

Quando sentiremos a necessidade de uma educação ao inverso, o combate ao exclusivismo em amor, ao ciúme, quando sentiremos o ridículo desse "lavar" da honra dos nossos galos e dos nossos touros de formas humanas?

E quantos séculos para que desapareça o estigma ancestral?

E, se a mulher resolvesse representar o papel de certos insetos, da aranha ou do gafanhoto, para defender-se do egoísmo brutal do macho, ou também para defender e lavar a sua honra — não ficaria uma só cabeça masculina para ensinar aos outros que o exclusivismo ou o egoísmo sexual é odioso e irracional, próprio dos brutos e não dos seres humanos rotulados de civilização, moraliteístas farisaicos, cristãos, caridosos e piedosos...

A nossa conclusão não é, certamente, a conclusão desoladora do prof. A. L. Herrera, do México, aconselhando a ciência a *extinguir* a espécie humana por meios anticoncepcionais — para evitar o sofrimento, as catástrofes das guerras e todas as outras provocadas pela própria sociedade; (26 de janeiro de 1929 — artigo transcrito em *L'En-Dehors* da última quinzena de abril, sob o título: "La Plasmogenie"). Se não vamos tão longe, é que não acreditamos o gênero humano tão heroico para tal realização e cremos no infinito da imbecilidade social...

Encontramos caminho mais seguro, mais doce, talvez, mais digno da nossa liberdade interior — a deserção...

Desertores sociais, desertores do mundo velho, e dentro de nós, criamos o nosso infinito palpitante de vida, de realidade subjetiva.

No dia em que a mulher perceber que a covardia mental é a mais poderosa das forças reacionárias, a arma formidável do Moloc da Rotina, nesse dia compreenderá que, em todas as épocas houve a afirmação sentida e vivida de que o escravo social pode ter a consciência alevantada no gesto livre de pensar e agir, individualmente, contra a Rotina e a influência ancestral, contra todos os Ídolos sangrentos da Honra, da Pátria e da Civilização.

É preciso ser antissocial para realizar o heroísmo sem-par de enunciar as verdades interiores.

Emancipar-se é conhecer-se.

Emancipar-se é realizar-se.

Só se emancipou quem foi capaz de saltar por sobre todos os tapumes do moraliteísmo social, colocando-se *fora da lei*: Sócrates, Cristo, Epicteto...

TERCEIRA PARTE

A lei de população

A lei de Malthus é a esfinge simbólica da questão social: decifra-me ou eu te devoro.

A interpretação da esfinge, sob o ponto de vista social, abrange as duas faces do problema humano.

O lado ético, Han Ryner o analisa em seu admirável livro *A esfinge vermelha*: — é o problema da não violência estoica, é a resistência heroica à reação, o *Não matarás*, o *Ama ao teu próximo* — simbolizado no Fraternismo de Cristo e no subjetivismo da Sabedoria de Epicteto: *Sê tu mesmo. Realiza-te.*

No plano material, no plano positivo da existência humana — o segredo da esfinge me parece a mim questão sexual — donde deriva a vida orgânica em suas relações com o instinto de nutrição — tudo resumido magistralmente na lei de população de Malthus, interpretada genialmente por Drysdale.

Comer e Amar.

E o lado ético do problema humano é consequência. Será solucionado no dia em que a humanidade, pelos seus maiores, tiver a noção consciente da responsabilidade de se reproduzir em qualidade e não em quantidade.

O problema humano, sob o aspecto social, é um problema sexual.

A fome, a peste, as guerras, a miséria, a tuberculose, o alcoolismo, a ambição, o espírito de autoridade, a cupidez, a concorrência sob todos os matizes, toda a degenerescência física e mental, toda a perversidade dos sentimentos, tudo, absolutamente tudo provém, de um lado, da autoridade, dos magnatas que dominam e exploram, e, do outro lado, da ignorância do rebanho social, mas, da impotência de todos, da imbecilidade e da estupidez humana ante a realização das duas funções máximas: — comer e amar, instinto de nutrição e instinto da multiplicação da espécie.

Segundo documentos científicos — *Ensaio sobre o princípio da população*, de Malthus, *Elementos de ciência social*, de Drysdale, John Stuart Mill, etc., — a população, quando nada a vem estorvar, duplica-se todos os 25 anos, ou aumenta em proporção geométrica. Aumenta com valor inexaurível, sem limites, se os meios de subsistência não faltam. Não há espaço aqui para tais cifras de recenseamentos indiscutíveis. Indico as fontes onde serão encontradas.

SÉBASTIEN FAURE E A LEI DE POPULAÇÃO

Praticamente, para demonstrar o valor das cifras, vejamos o que diz Herschel, o grande sábio astrônomo, citado por Sébastien Faure em sua admirável conferência sob o título "O problema da população", realizada no Salão das Sociedades de Sábios, de Paris (16 de novembro de 1903) presidida por Mme. Nelly Roussel, conferência que é o seu *mea culpa*, em que confessa o erro anterior em "A dor universal", vindo engrossar as fileiras dos neomalthusianos.

Voltemos a Herschel. Diz o sábio:

> Se nos tempos de Quéops, isto é, 3 mil anos aproximadamente da nossa era, um casal humano houvesse vivido, e, se a contar daquela época, a guerra, as enfermidades contagiosas e a fome tivessem sido suprimidas; se, em uma palavra, a raça procedente daquele par não estivesse sujeita senão à morte causada pelas enfermidades e achaques ordinários, podemos admitir que o casal se houvesse duplicado aos trinta anos e que seus descendentes houvessem seguido a mesma progressão de trinta em trinta anos.
>
> A questão que exponho é esta: Qual seria atualmente a população do globo? Os descendentes desse casal, colocados em pé, um ao lado do outro, cobririam toda a superfície da Terra?

Todos contestaram que a superfície da Terra seria insuficiente.

— Porém, disse Herschel, e se estivessem apertados, um contra o outro, e se em cima de seus ombros fossem colocados, em pé, outros seres humanos, quantos andares superpostos se poderiam formar?

— Talvez três andares?

— Estais muito longe da conta, disse Herschel. Apresento a questão de outra forma. Que altura, em pés, alcançaria a coluna ou pirâmide humana?

— Trinta pés?

— Oh! muito mais, disse Herschel.

— Pois bem, cem pés?

— Ainda mais.

Herschel concluiu: o suficiente para ir até a Lua, quiçá também até o Sol.

Sébastien Faure cita ainda a opinião do general Brialmont, belga, em uma comunicação à Academia Real de Bruxelas (15 de julho de 1897):

Segundo o caminho que as cousas vão tomando, daqui a poucos séculos a população do globo se terá desenvolvido de tal maneira que o problema da população chegará a ser insolúvel. Por mais que se utilizem todos os rincões da Terra não utilizados até hoje, se dessequem os pântanos, se cortem os bosques e derrubem as selvas, semeando trigo em todos os parques de recreio, e suprimindo de golpe toda alimentação animal, substituindo as pastagens por campos produtores de cereais, não se chegaria a alimentar aos humanos que povoariam o nosso planeta assim que tenham alcançado a cifra de 12 mil milhões, eventualidade que se realizará em alguns centenares de anos.

Não se venha com a objeção de que o Brasil é imenso e precisa ser povoado. Sim. Mas o problema não é nacional é internacional. Se povoarmos o Brasil no lapinismo nacional, seremos cúmplices das loucuras das nações europeias que, com os seus erros de superpopulação, precisam do nosso solo para se expandir. E sofreremos as consequências da má distribuição das riquezas do solo e da indústria e não resolveremos, sozinhos, nenhum problema social: ficarão de pé — a fome e a prostituição, a autoridade e a exploração do homem pelo homem. Com tal sofisma, afastamos todos os problemas humanos, sem os solucionar.

E é notável como, geralmente, os revolucionários autênticos se colocam na extrema direita reacionária para atacar a lei de população e os neomalthusianos. Kropótkin dizia a Paul Robin: "Tu entravas a revolução". James Guillaume lhe escrevia: "Tu entravas a emancipação do trabalho". Élisée Reclus recusava publicar ou inserir em seu jornal os artigos neomalthusianos, sob o pretexto de que isso era uma questão privada, e que, sob o ponto de vista geral, a limitação dos nascimentos não era senão uma "grande mistificação"!... A tal propósito, ainda para os revolucionários latinos, vale a pena transcrever o que diz Sébastien Faure:

> Como tantos outros, conhecia muito pouco, o confesso com toda a modéstia, conhecia mal este problema da população. Dediquei-me a investigá-lo, a indagar; consultei documentos; folheei certos livros que desconhecia por completo; a esse trabalho, a essa documentação, pouco a pouco me afeiçoei; e compreendi toda a importância do problema.
>
> E, de todos os problemas tão numerosos e tão complexos que atualmente solicitam o pensamento dos sociólogos e filósofos, nenhum há tão grave como o da população. Tampouco, nenhum há menos conhecido.
>
> Nada mais acrescentarei a isto: não façais filhos.
>
> Não somente há benefício e adiantamento para o grupo familiar com a procriação refletida.
>
> O grupo social, desembaraçado de escórias, purificado dos germens mórbidos, sabendo que a qualidade vale mais que a quantidade, que a prosperidade não depende do número dos que a compõem, mas, sim depende da qualidade, encontrará muita vantagem nessa limitação voluntária da procriação.

No círculo revolucionário conhece-se pouco ou conhece-se mal essa questão. São, não obstante, os revolucionários, os que mais interesse têm em a conhecer bem. A colheita não será formosa enquanto a semente não for boa e esparzida em terreno fecundo e fértil.

Alguns dizem: é necessário que haja miseráveis em multidão, que a família dos deserdados seja tão numerosa quanto possível; mais descontentes haverá, mais a miséria crescerá e mais a rebeldia aumentará. Creio, companheiros, que isso é um erro. A mim também, há dez ou quinze anos, me parecia que a miséria poderia ser um fator de rebeldia e me perguntava, então, se do excesso do mal não surgiria o bem. A observação escrupulosa dos fatos me provou que essa opinião não era exata.

Os que dizem: é mister muitos descontentes, muitos miseráveis a fim de que o grão da rebeldia se multiplique, não veem mais que um lado da questão. Essa massa de miseráveis é a baixa dos salários, são as condições do trabalho, já de si tão dolorosas, convertidas em intoleráveis; é a horrível luta fratricida, é a competição entre pai e filho, entre membros de uma mesma família; é o açambarcamento de todos os ofícios; são também os braços oferecendo-se em massa para os quefazeres mercenários da polícia e da guarda civil.

A burguesia tem suas razões para não empenhar em procriar muitos filhos.

Suas razões! companheiros. Ela precisa muitos soldados, muita polícia, muitos espiões, muita guarda civil, muitos carcereiros e oficiais de justiça; tudo isso lhe faz falta para manter na escravidão aos trabalhadores que se disputam os salários, como os cães disputam um osso aonde haja ainda uma migalha de carne.

Tenho pena de não citar toda a vibrante conferência de Sébastien Faure.

É que o velho militante sentiu a desproporção colossal entre duas leis naturais. Uma antinomia formidável existe entre a faculdade reprodutora dos homens e a produtividade da terra, entre o amor e a fome.

Demais, Malthus, por uma concessão exagerada aos seus críticos, fingiu acreditar que o acréscimo da produtividade da terra pudesse dar-se, quando estava certo desta outra lei natural: a produtividade do solo vai diminuindo; a produtividade da terra não é proporcional aos capitais e ao trabalho nela aplicado.

E, apesar dos meios *repressivos*, obstáculos contra o aumento de população: guerras, assassínios, desastres (o automóvel já está matando mais que a última guerra!...) epidemias, ocupações malsãs, *surmenage*, falta de higiene, fome, tuberculose, suicídio, alcoolismo, infanticídios, apesar dos meios *preventivos*: anticoncepção, abortos, castidade — os quais tornam a vida ainda mais penosa, mais cara e mais amarga, ainda assim, o perigo da superpopulação está de pé, desafiando a todo o gênero humano.

Chegamos ao ponto principal e que dá lugar a todos os sofismas contrários à lei de população.

Vejamos a admirável *Enciclopédia anarquista*, dirigida por Sébastien Faure:

> Os malthusianos nunca pretenderam que a terra tenha chegado ao seu mais alto poder de produção e não possa nutrir muito mais habitantes do que os que hoje existem; não sustentam que a produção não possa crescer pela cultura de novos terrenos, pelo melhoramento do solo, por uma despesa mais considerável do capital e do trabalho, pela inteligência e labor dos habitantes, por uma sábia economia de todas as forças produtivas e de todos os produtos, etc.

> O que eles dizem é que, todo aumento por quaisquer meios, dos produtos a serem consumidos, teve e terá, por consequência, enquanto a reprodução não for fortemente e geralmente contida, um aumento correspondente da população e que, assim, a relação entre os dois termos fica sendo sempre a mesma.

> Cada velha nação e a Terra inteira ficam, a todo momento muito povoadas, não em relação à superfície, porém, em relação aos produtos disponíveis.

Demais, quais os progressos realizados e a facilidade acessível a todos, para a produtividade do solo?

As pastilhas azotadas de Berthelot venceriam a dificuldade só por um momento. E mesmo as pastilhas prometidas por Berthelot, há perto de quarenta anos, ainda não existem, e, se a síntese amoniacal e a radioatividade prometem, ainda não nos alimentam.

Demais, os neomalthusianos provam que nem isso resolveria a questão. No dia em que uma pílula nutrir ao indivíduo, a faculdade reprodutora do gênero humano dará expansão aos nascimentos, de tal maneira, que, logo, as pílulas mesmo já serão insuficientes...

Demais, a Terra não cresce, e esse é argumento categórico.

Além de tudo, além da carência alimentar, dentro deste regime de concorrência brutal, a má distribuição dos gêneros sobrecarrega e torna o problema insolúvel.

A indigência alimentar não é a única. Relativamente aos capitais, sustentam os malthusianos, há superabundância de indivíduos, superpopulação operária permanente, mas, pressão da população total sobre a riqueza social.

A grande dificuldade que espera os revolucionários, a dificuldade insuperável encontrada atualmente pelos comunistas da Rússia, é de prover de bens materiais a uma população muito elevada em relação aos produtos a serem distribuídos.

[*Enciclopédia anarquista*]

E a loucura industrial agrava o problema: queima-se o trigo, queima-se o café...

Quando li Malthus e Drysdale, convenci-me de que a lei de população é o máximo problema social: envolve a todos os outros problemas: comer e amar.

O problema humano é um problema sexual.

E

é apenas crível, notam os neomalthusianos, que os mais eminentes *leaders* dos partidos políticos e sociais tenham sido hostis não somente ao malthusianismo como doutrina econômica, mas, ainda, ao neomalthusianismo na qualidade de instrumento de luta revolucionária. Nem Proudhon, nem Marx, nem Bakúnin, por exemplo, admitiram como meio de combate social, a limitação dos nascimentos proletários. [*Enciclopédia anarquista*]

E é tão verdade que menor número de operários obriga os salários a se elevarem que, os últimos telegramas nos dizem que a França, neste momento, é o único país do mundo civilizado onde não há desocupados, ou, pelo menos onde há menor número de desocupados. E onde há certo conforto para o proletariado e onde as indústrias prosperam, apesar da crise mundial, e onde também há lugar para operários estrangeiros.

A conclusão se impõe: toda e qualquer tentativa para a paz, para a diminuição da miséria, para o bem-estar, para a fraternidade é impossível, sem a restrição consciente da natalidade e a maternidade livre e consciente e limitada.

O problema humano é um problema sexual: abrange a nutrição e a multiplicação da espécie — os dois instintos predominantes da nossa natureza animal.

O corolário ético é latente.

O segredo da esfinge está em conhecer as leis naturais, porque a natureza não se deixa enganar.

Depois, defender-se o homem das hostilidades da natureza, conhecidas as suas forças e os seus efeitos.

A repressão às ideias neomalthusianas resume-se no seguinte postulado burguês-capitalista-religioso: "A pátria precisa de soldados, a usina tem necessidade de trabalhadores, a igreja tem necessidade de fiéis".

Aqui se aplica a frase de Bakúnin:

"O padre, que representa Deus, embrutece o cérebro, para que o soldado, que representa o rei, tiranize o corpo. O produto do roubo é dividido entre os dois ladrões." (*Deus e o Estado*)

Demais, nenhum país regista verdadeiramente a despopulação. Não tenho espaço para reproduzir estatísticas. (Ver *Enciclopédia anarquista* — La Fraternelle, 55 — Rue Pixérécourt — Paris xxe.)

A LEI ATERRADORA: A FECUNDIDADE DA MÃE ESTÁ EM RELAÇÃO DIRETA COM A MORTALIDADE DOS FILHOS

Sinto, não menos, deixar de reproduzir outras estatísticas concludentes, provando que a natalidade excessiva leva a uma mortalidade infantil excessiva.

Vejamos apenas a conclusão da estatística de Marañón: Em 7389 filhos, 3451 mortos, isto é, quase a metade! Parece-me, todavia, que a soma não é 7389 e sim 8289.

Jean Marestan e outros autores que tratam do problema sexual, dão estatísticas semelhantes, colhidas na França, Itália, Rússia, etc.

As cifras de Ploetz dizem que "o coeficiente de mortalidade dos filhos primogênitos é cerca de 220 por mil, que o dos nascidos em sétimo lugar é cerca de 330 e o dos nascidos em décimo lugar é de 597 por mil. Assim, quando a 'natureza' segue o seu curso e doze filhos vêm devastar a saúde de uma mulher, tão fraca se acha então esta, que morrem logo 60% destes últimos filhos" — diz Marie C. Stopes — (*Amor e casamento*).

"A mortalidade infantil na família com um filho, [Ploetz citado por Marañón], é de 23 por cem; na família com oito filhos se eleva a 51 por cem; chega a 69 por cem quando os filhos superam a quinze."

A hecatombe espanhola é espantosa. A hecatombe latina, poderíamos dizer.

Então, para que fazê-los nascer? E, que representa de esforço, de gastos, de desgostos, de depressão moral com tais perdas?

E, que representa de inquietações, de ansiedades, de gastos, de temor antes de nascerem, durante todo o período da gravidez — para depois morrerem ante as mesmas perspectivas de grandes desgostos?

Não há despopulação em parte alguma. Há superpopulação em todo o mundo. Não nos admiram os reacionários.

Entretanto, não nos cansamos de espanto ante a atitude hostil dos revolucionários contra a lei de população.

A prova cabal do interesse político da superpopulação está no cinismo de Mussolini premiando a natalidade e anunciando, aos quatro ventos, que, daqui a muito pouco, a Itália terá que "explodir" italianos por toda parte — a fim de alargar o futuro império de Roma — "cérebro e coração do mundo" — e marcar no calendário a "era mussoliniana"...

Para todos esses revolucionários e reacionários da superpopulação — a mulher não passa de máquina de fabricar a carne para os canhões ou para as barricadas. O problema feminino não existe para eles senão em expressões sentimentais. A liberdade, a acracia que sonham — é só para os homens.

A mulher, para eles, está *a serviço*... da procriação irrefletida, inconsciente. É apenas a matriz fecunda para fazer soldados burgueses ou soldados vermelhos da revolução social. Aliás, na Rússia o problema da Maternidade livre e consciente está sendo resolvido por uma educação sexual sabiamente ministrada e pela transformação dos costumes sociais.

Excetuemos contudo a Holanda, país da Europa em que é menor a mortalidade infantil, porque é o que *mais se preocupa em que os filhos sejam concebidos voluntariamente* e nas mais favoráveis condições", por isso mesmo tendo aumentado "o seu coeficiente de sobrevivência, e, com isso, em vez de diminuir, acrescentando a sua população". Na Holanda, é oficial, é legal a propaganda neomalthusiana, em todas as classes sociais.

Mas, em toda parte onde é imoral cuidar de tais assuntos, a hecatombe infantil, os crimes de aborto e infanticídio e a morte prematura das mães assombram pela surpresa dos números, das desgraças e miséria.

A conclusão é que o puritanismo farisaico dos cristãos civilizados e piedosos é o fator dos mais abomináveis crimes da sociedade moraliteísta.

Tem razão Forel (*A questão sexual*):

É quase incrível que, em alguns países os médicos não se envergonhem de atirar os moços aos braços das meretrizes, e tenham o rosto purpurejante de pejo quando se referem a métodos anticoncepcionais. Com estes escrúpulos pueris, engendrados pelo hábito e pelos preconceitos, protestam indignados contra pequeninas cousas, ao passo que aconselham a prática das maiores torpezas.

E, dentro desses costumes de eunucos morais, fala-se em eugenia, fala-se em educação, em humanidade, em liberdade, em fraternidade, em tudo isso que é tão belo e que não passa de formidável ironia atirada, impiedosamente, ao rosto da mulher, o único indivíduo na série animal, privado de viver integralmente, livremente, a vida fisiológica.

Mas, pondo de parte todas as faces do grande problema humano, fica de pé o lado mais sério, que, por si só, constitui um problema,

O PROBLEMA DA MATERNIDADE

A mim me parece que nenhuma questão social, nenhum problema humano pode ser sonhado sem a base da lei de população.

E acho que tem razão Naquet quando diz que mesmo "a famosa lei de bronze dos marxistas não é, definitivamente, senão a lei de população vista pelo outro lado do óculo de alcance".

E George Drysdale, cujo valor mental e moral, cuja solução do problema proposto por Malthus o coloca na mesma linhagem genial de Malthus e Darwin, Drysdale, no seu magnífico estudo *Elementos de ciência social*, traduzido em muitas línguas, em edições sucessivas, dada a sua importância científica e as suas considerações sociológicas, Drysdale diz:

> Depois de o haver percorrido, esse admirável *Ensaio*, de Malthus, que me parece a contribuição mais importante que jamais se tem feito em prol dos conhecimentos humanos, o espírito ainda esmagado pela grandeza do assunto e pela maneira maravilhosa por que foi tratado, não me posso impedir de considerar o Autor como o maior benfeitor da humanidade, *sem exceção alguma.*
>
> Não digo que Malthus possuísse o maior gênio ou o caráter moral mais elevado de que faz menção a história, mas, estou certo de que a descoberta da lei de população, que lhe é devida, e o serviço prestado, dessa maneira, à sua espécie, são de natureza mais alta que todos os outros benefícios prodigalizados ao gênero humano.

Nem Malthus quis privar a mulher das alegrias da maternidade, como afirmam alguns dos seus adversários, nem a sua lei, genialmente descoberta e exposta, é um cálculo puramente econômico, como querem outros.

E foi ainda a pureza das suas intenções, a sua imensa bondade que o fez desviar da solução para a seriedade dessa lei trágica de pé, apesar de todas as imbecilidades mussolinescas, de todas as críticas superficiais e ásperas, de toda a impiedade dos que olham por alto a sua descoberta genial.

Malthus formulando a lei e Drysdale completando-a com a mais admirável das soluções, me parecem formidáveis na justeza e no equilíbrio com que tratam os mais sérios problemas humanos.

A questão da Maternidade Consciente não pode ser tratada em duas palavras.

E a mulher, se quer libertar-se, tem de conhecê-la profundamente; do contrário, deixará esmagar-se pelo peso hercúleo da mais trágica de todas as causas da escravidão social feminina e humana.

Fome, guerras, pestes, a degenerescência, todos os males sociais, prostituição, miséria, absolutamente tudo tem a sua origem na lei de população.

A lei de população, diz Drysdale: "é a contribuição mais indispensável às ciências morais, médicas e políticas. Ela nos explica a relação natural entre as duas cousas mais essenciais à vida e à felicidade dos homens: a nutrição e o amor. Sem esse conhecimento, todos os outros não servem para grande cousa".

A solução da questão social está no Amor e na Maternidade Consciente.

É a lei de população a pesar por sobre todo o gênero humano.

Tem razão Drysdale:

A moral, a medicina, a religião, a legislação, a política, são farsas representadas com solenidade para o público e que só servem, pela pompa imponente e o luxo deslumbrante das cerimônias, para afastar a atenção das tragédias lúgubres representadas atrás dos bastidores.

Estejamos certos de uma cousa: se não conseguirmos encontrar outra solução para as dificuldades sociais, nossa sociedade continuará a ser o que sempre foi: um caos de confusão, de injustiça e de miséria.

Essas ideias não nos pareceriam tão estranhas, se não estivéssemos habituados a olhar o mundo sob o aspecto mais favorável, e do ponto de vista ocupado pelas classes ricas e bem-educadas. Se tivéssemos nascido nos trapos da miséria; se a sorte nos tivesse forçado, para não morrermos de fome, a recorrer ao crime ou à prostituição, se o labor incessante tivesse triturado nossos membros e que, sem amigos, sem auxílio, fôssemos tocados de porta em porta pelos agentes da polícia; — teríamos uma ideia bem diferente da condição do mundo; e a riqueza e a civilização de que vemos gozar os nossos vizinhos só fariam aumentar a nossa amargura. Então, dores pungentes nos teriam ensinado esta triste verdade: para os pobres, o progresso da humanidade é uma mentira vazia, e a prosperidade dos ricos é baseada no seu trabalho, nos seus sofrimentos e na sua miséria.

As felicitações dirigidas pelas pessoas mais afortunadas, os discursos pomposos dos homens políticos, a respeito do progresso da civilização constituem uma injúria aos que sofrem, injúria gratuita e cruel.

O menos que poderíamos fazer para aqueles que são condenados a não ter pão, amor e descanso, seria não insultar a sua miséria com palavrórios vãos, a louvar o aumento da soma da felicidade humana.

Constrangimento moral, vício e miséria ou honestidade farisaica, prostituição e fome estão na razão direta e inversa, ou por outra: mais a sociedade moraliteísta assegura a santidade da família, mais a prostituição multiplica as rótulas e mais a fome se instala definitivamente.

Mais há fome e mais há prostituição.

A pobreza é problema sexual. É a natalidade excessiva.

E nem a prostituição se acaba com sermões de moral ou com leis draconianas e nem a miséria é extinta com a filantropia ou com festas elegantes da caridade mundana.

O pauperismo e a prostituição só serão extirpados no dia em que as mulheres compreenderem que só a liberdade do amor pode pôr termo a todos os flagelos sociais, e,

aqueles que, em vão, procuram remediar a pobreza pelos meios usuais da instrução, da emigração, da caridade ou das mudanças políticas, não refletem que o problema não é somente suprimir a pobreza existente, mas, também, a continência e a prostituição; porque, se não se fizer isso, e não para uma geração só, mas, para sempre, o mesmo estado de excesso de população será constantemente mantido pela expressão da potência reprodutora. Tais esforços são exatamente tão baldados, como os de quem procurasse despejar uma cisterna, deixando livremente correr-lhe para dentro, o canal que a abastece. *A pobreza é uma questão sexual* e não uma questão de política ou de caridade; e não se lhe pode dar remédio senão por meios *sexuais*. [*Elementos de ciência social*. Drysdale]

E todos sabem que Darwin concebeu a sua admirável *Origem das espécies*, lendo e se entusiasmando por Malthus, no seu *Ensaio sobre o princípio da população*, assim como Galton, o criador da Ciência eugênica, a concebe, lendo a *Origem das espécies*, de Darwin, seu primo, e, naturalmente, passando por Malthus. Donde se deduz a relação imediata entre a lei de população e a seleção da espécie pela Eugenia.

Donde se deduz a necessidade imprescindível da educação sexual para ambos os sexos e mormente para a mulher, a fim de que se capacite de que não é a filantropia, não é a caridade, não é a instrução superior, nem é o direito de voto e nem são os direitos civis e nem é o esporte, nem é o mundanismo elegante ou o sacrifício inútil da castidade absoluta que resolverão os problemas humanos ou os problemas individuais.

O problema humano no seu caráter social é um problema sexual.

E a solução só pode ser encontrada na liberdade sexual, na Maternidade consciente.

ABOLIÇÃO LEGAL DO DIREITO DE PATERNIDADE

Os filhos de minhas filhas, meus netos são;
Os filhos de meus filhos, serão ou não?
Reflexões de uma avó... sabida

De Havana, nos chegaram telegramas alarmantes, sensacionais, e a imprensa comentou em largos protestos, a proposta apresentada ao Congresso Pan-Americano da Criança, pelo delegado de Cuba, dr. Carlos Piñero, no sentido de abolição legal do direito da paternidade ou de se resolver uma questão legal para os filhos naturais.

Tal proposta foi atacada imediatamente, foi rejeitada incontinente pelo Congresso, na atitude de defesa quase agressiva dos delegados do Peru e Estados Unidos.

Consideram-na como utópica...

Entretanto, é de presumir, saberem aqueles delegados que, biologicamente, todos os filhos são naturais.

A maternidade é fato verificado, real, natural, e a paternidade é que é utópica... algumas vezes.

O delegado cubano foi irreverente, declarando, tão alto, uma cousa que toda gente está farta de saber.

Daí, os protestos unânimes, a reivindicação patriarcal de um direito por vezes ridículo, dentro da moral social...

Os jornais e no próprio Congresso, bradaram o protesto de que essa proposta determinaria a "criação" do regime do matriarcado, em substituição ao patriarcado.

Mas, é tão absurdo pretender que uma lei escrita tenha o poder de "criar" ou determinar o aparecimento de novo ciclo na evolução social, como é absolutamente utópico pretender segurar a sociedade dentro de um regime cadavérico, fossilizado, impor o estacionamento, impedir as etapas naturais da evolução.

Os congressistas contrários à proposta assustaram-se, aliás como os jornalistas que a comentaram em nome da gente honesta, certos de que as leis indicadas pelo representante de Cuba viriam a ser um golpe de morte na moral social.

Primeiramente, não serão as leis escritas, as leis dos homens que darão o golpe de morte nessa moral, já fossilizada e que, por si se destruirá, cedo ou tarde.

Não serão as leis dos "licurguinhos" modernos que abalarão os alicerces da nossa moral de escravos.

Façam leis, decretem códigos inteiros ou deixem de se fazer — e os indivíduos continuarão, imperturbáveis, a sua marcha ascendente na espiral da evolução humana.

Caminhamos para o Matriarcado, quer queiram ou não os pais de verdade, ou os pais da legalidade.

A "SAGRADA INSTITUIÇÃO"

A Instituição da Família é cousa relativamente recente. No *clã* ou *grei*, regime comunista, primitivo, a primeira organização social, não há a menor ideia de família. A criatura pertence à tribo ou clã, é do lugar em que nasce, parente de todos.

Estabelece-se o regime social do "bairrismo".

Fora daí, todos são inimigos.

Depois, vem o matriarcado. Já há uma como noção de parentesco dos filhos com as mães. É, porém, indício da propriedade de um dos "senhores" da mulher, o que mora, talvez, com ela, o que a "protege" e explora mais de perto. Todavia, "esse parentesco nada mais é do que uma garantia da propriedade de um homem sobre os filhos da mulher de muitos homens. Uma propriedade *uterina*".

Vem, em seguida, o regime patriarcal.

O "senhor" é proprietário absoluto da mãe e dos filhos. Quando se casa a mulher, raptada ou comprada, passa a ser propriedade do marido e da família dele. Aí, "ser mãe não constitui parentesco".

O homem tem quantas mulheres quer ou pode sustentar. Da poliandria passam à poligamia, até hoje em uso, embora todos os louvores à monogamia... e à família, à sacratíssima instituição da família.

Questão de propriedade privada.

Ainda hoje, em toda parte — "família e propriedade são sinônimos".

A mãe de família, etimologicamente, e de fato, era a "mãe dos escravos" do seu proprietário e senhor, com direito de vida e morte sobre ela e os filhos.

Esse ainda é o regime atual... no sentimento mais íntimo dos latinos — os matadores de mulheres.

A família, na sua origem, não é lá para merecer tanto respeito, tantos louvores, tantas homenagens.

E essa família, baseada no instinto de propriedade, na fecundidade da mulher — (a mulher estéril era severamente punida...) não merece que a defendamos, que a acatemos com a consideração que lhe dispensam o púlpito e os moraliteístas — interessados no cultivo da escravidão feminina para a exploração do gênero humano através da sua santa ignorância.

Há estágios diversos na evolução do patriarcado, inclusive a transação bilateral entre os cônjuges e até o divórcio, condenado desde esse tempo pelo cristianismo.

Depois, vem o casamento legalizado pelos romanos — os mais vorazes atores da rapinagem de todos os tempos. E são esses ladrões históricos que ainda nos ditam leis.

É aí que, verdadeiramente, surge a família moderna.

A família origina-se do regime da propriedade privada, do roubo e da herança — que também é roubo.

Começou com o rapto das Sabinas...

A família não é a base da sociedade, como se diz na "chapa" oficial dos vulgares defensores da "sagrada instituição".

A sociedade sempre existiu e existirá, com ou sem a família.

Etimologicamente, convém repetir: "mãe de família" quer dizer — "mãe de escravos".

Família é grupo de escravos de um senhor.

Hoje, continua a ser a "mãe de escravos", em uma accepção diversa, sob o ponto de vista social.

Que são os proletários senão os escravos modernos, escravos da civilização industrial, escravos dos açambarcadores e adoradores do bezerro de ouro?

Qual é a função do Estado senão aliciar escravos para as guerras, através do ídolo do patriotismo?

Que são os cidadãos do Estado, seja república ou monarquia ou ditadura senão súditos, escravos, "carne para canhões"?

E a prostituição não será a geena da maior das escravidões sociais?

O Código de Napoleão, baseado no Direito Romano, é ainda o que prevalece entre nós: guerras, propriedade privada, rapinagem disfarçada.

E, de todas as propriedades do homem, a mulher é a mais cobiçada, a mais defendida por um egoísmo feroz, ainda o mesmo egoísmo do troglodita.

Daí, passar da vigilância do pai (que guarda a sua virgindade como um capital), para "cousa possuída" do marido — que a pode vender, emprestar, dar, explorar, porém, que a mata, se ela, por si mesma, sem sua ordem, se dá a outro, ou se se quer emancipar da sua "proteção", da sua tutela.

É na propriedade do "senhor" que se baseia essa cousa comercial, esse contrato legal, essa perversidade que se chama família, santificada ainda pela religião que, sempre, em todos os tempos, foi a guarda avançada e feroz da propriedade privada.

A família forma-se de um contrato injusto em que um dos contratantes não sabe o que faz, é apanhado de surpresa, e, durante toda a vida, é explorado pelo outro, espertalhão ciente de que pode usar e abusar da sua presa inerme, cujo cérebro, cuja razão não funciona por inação cultivada, calculadamente, através do dogma religioso e das superstições e dos prejuízos sociais.

Resumindo, a evolução social segue, portanto, os ciclos de:

Bairrismo — Comunismo primitivo.

Matriarcado — Conquistas de guerra.

Patriarcado — Conquistas de guerra.

Patriarcado — Herança e produção individual.

Família — Herança e produção individual.

Do patriarcado vem a propriedade privada, cujo esboço se verifica na fase do matriarcado.

A lei, nas relações sexuais, tem por fim assegurar o direito de propriedade de um senhor.

E a família, a "sagrada instituição", é cousa assim de tanta importância para se recusar uma situação legal aos filhos naturais?

Sem dúvida, perante a lei, o Estado.

No que discordo do delegado cubano é que queira "legalizar" os filhos do Amor.

Eu os prefeririria sempre fora da lei: mais livres, mais belos, mais inteligentes, mais generosos: é a seleção natural.

Os filhos do casamento legal que não seja união por amor, excetuando talvez o primeiro, filho de uma nesga de ilusão e curiosidade, são, geralmente, filhos do descuido, do acaso, do dote, da herança, do comércio em suma, filhos do tédio, do comodismo, do hábito ou mesmo do vício.

E a mulher superior, a mulher moderna consciente, não a sufragista ou a literata dos salões *chics*, a *bas-bleu* acadêmica ou a campeã de esportes, mas, a mulher verdadeiramente superior — não mais quer ser a "mãe de escravos", e, por isso, se vai revoltando contra a ideia do "senhor", do proprietário legal.

Quer ser livre e quer livres os seus filhos. Daí a necessidade de aprender a ter coragem para registá-los como "filhos de pai desconhecido" — se esse pai não está à altura da paternidade consciente, e... talvez, fosse preferível nem mesmo registá-los, não fazê-los cidadãos, servos do Estado e carne para os canhões...

É o início do Matriarcado consciente.

Nascerão assim os verdadeiros filhos do Amor, os filhos da Maternidade desejada e não imposta autoritariamente e aceitos servilmente no lapinismo sem protesto.

Depois, até aqui, no regime do patriarcado, um "sedutor" (usemos das expressões da moral social...) "abusa" de sua namorada, da sua ingênua sinceridade generosa, ou pela astúcia, pela força ou pelas promessas tentadoras de casamento; a "desgraçada" — que é de carne e osso — "cai", fica "perdida", "desonrada", e o "sedutor" nega-se ao dever da paternidade, recusa-se a dar-lhe "a mão de esposo".

E a mulher e sua família exigem, por intermédio da polícia, dos "bons costumes" que obriguem o rapaz a se unir legalmente à "perdida", para "reparar o mal", e, neste caso, já não estará mais "perdida" nem desonrada nem desonesta.

Está tudo consertado com a intervenção da legalidade.

Estranha moral, estranhos costumes: se o rapaz é um "sedutor", covarde, se conquistou pela astúcia, com promessas que de antemão estava certo de não cumprir, se "abusou", se se nega a "proteger" a "seduzida" — como é que a família e a sociedade exigem que a moça ludibriada vá viver com semelhante protetor e proprietário durante toda a sua existência?

Que confiança pode ter e que esperança de amor lhe restará após essa primeira prova?

Comercialmente ou dentro das relações de amizade, se nos encontramos com um indivíduo falso e que se quer aproveitar e explorar a nossa ingênua bondade, a nossa boa-fé ou a nossa pureza de intenções, dele nos afastamos para sempre, uma vez descoberto o tartufismo.

No casamento dá-se o contrário: a mulher, para se tornar "digna", tem de aceitar por marido, o indivíduo covarde que a maltratou brutalmente no corpo e nos sentimentos mais delicados do seu coração amoroso.

E que vai dizer ao filho, a respeito da atitude de seu pai, querendo repudiá-lo, antes de nascer?

Será hipócrita, se ensinar-lhe o respeito e a consideração por essa espécie de pai.

Será indiscreta e perversa, se alimentar o ressentimento entre o pai e filho.

Situação intolerável para todos três, ligados por sentimentos indesejáveis, na atitude da defesa agressiva...

E é essa moral que a família, "instituição sagrada, divina, legal", defende encarniçadamente, e que os "bons costumes" solidificam através da polícia e dos preconceitos sociais.

A família verdadeiramente constituída será a que se basear na Maternidade Consciente, na livre escolha da mulher ao eleger o pai para o seu filho, ou o companheiro do seu Amor.

Essa é que há de ser a base das relações sexuais e do Amor no novo ciclo da evolução humana.

E é só dos indivíduos livres essa coragem de ser antissocial para colocar-se fora da legalidade e dos preconceitos.

Já um exemplo ou outro se verifica na sociedade da América Latina, entre mulheres conscientes ou intuitivas em vez de matarem o fruto dos seus amores ilegais — como prefere a moral corrente, elas procuram conscientemente o prazer delicioso da maternidade livre — para não fabricarem escravos de proprietários e senhores exclusivistas capazes de, acobertados pela lei, privarem as mães da convivência com seus filhos, roubando-os covardemente ou reavendo-os à força pela "justiça" dos homens.

E um ou outro pensador (e já são muitos) e algumas mulheres heroicas reivindicam para a mulher, o direito e o *dever* de ser mãe fora da lei e das convenções sociais.

Dever, porque, para cada mulher bem instalada legalmente na vida social, milhões de mulheres estrebucham na miséria e na prostituição das rótulas e das calçadas.

O bem-estar de cada uma é assentado por sobre a angústia dolorosa da procissão dos tristes, dos miseráveis, dos solitários, dos famintos de pão e amor.

Será o início do despertar das consciências para uma forma de ética mais alta, para uma escalada maior da evolução humana.

Não é, pois, novidade, o delegado cubano predizer em um Congresso, o desaparecimento do casamento legal como base das relações da família.

Todos o pressentem e é justamente a razão por que os interessados na conservação do regime da exploração do homem pelo homem e da mulher pelo homem vêm, na atitude agressiva de defesa, protestar contra a livre expansão do pensamento humano em busca da liberdade e do Amor.

Estou convencida de que o delegado cubano sabe que a lei não é e nem será nunca a propugnadora desses magníficos acontecimentos nos ciclos dos estádios da evolução humana. O que ele quis foi divertir-se com os protestos dos congressistas, com o grito de alarma da imprensa assustada, com a expressão fisionômica de todos os pais absolutamente convencidos da sua paternidade, reclamando os seus justos direitos legais e esquecendo-se dos filhos do descuido e da necessidade vulgar de variar semeados ao léu, fora da lei.

Como nos diverte, às vezes, a comédia humana! E mais divertiria, não fossem os oceanos de lágrimas queimando as faces de tantos desgraçados, homens e mulheres.

Mas, com ou sem leis, quer queiram quer não os moralisteístas de beca, espada ou sotaina — os indivíduos conscientes, agitados exteriormente no turbilhão voraz do progresso material, todavia imperturbáveis na sua órbita em obediência a energias interiores, a Leis naturais mais altas, percorrem e percorrerão as suas etapas evolutivas na espiral da vida, no perpétuo vir a ser — em busca da harmonia, de uma beleza maior.

QUE É EMANCIPAÇÃO?

Dentro desta sociedade, em que se compra o pensamento, o amor e a consciência, é lá possível falar-se de emancipação humana?

E, se o homem é escravo do homem, através do salário, e, se a mulher é duplamente escrava, do homem e do salário — como podemos pensar na emancipação feminina dentro do regime legal burguês-capitalista, no qual a função da mulher se limita a máquina de prazer ou de trabalho ou a fabricar a carne para os canhões vorazes?

Mas, a expressão usada na literatura, no jornalismo, na cátedra, no púlpito, para dourar a pílula engolida pela idiota milenar, não será "fabricar as carnes para os canhões", e sim, fala-se na "maternidade sagrada", "direitos das mães" (só dentro da lei, já se vê), "deveres para com as mães", "dia das mães", "rainha do lar", "educadoras dos cidadãos de amanhã", — todas essas chapas convencionais — a fim de arrastar a deusa e santa, através dos filhos, para o açougue canibalesco donde os grandes e os poderosos extraem a matéria-prima com que encher as suas arcas vorazes e com que comprar cortesãs caríssimas e posições espetaculosas no cenário social.

Nesta sociedade, a mulher, ou tem de ser a fabricadora de carnes para o Melcarte da guerra ou das revoluções, de fauces escancaradas e sangrentas em tempo de paz tanto quanto em época de luta armada, ou terá de ser a "virtuosíssima" cortesã dos salões (casada legalmente, mas, geralmente prostituída na alma muito mais do que no corpo) — para o gozo dos elegantes cidadãos patriotas e cristãos civilizados, ou dos sultões do harém da monogamia de comediantes.

Falhando essas duas hipóteses, terá de ser a prostituta fabricada pelo mesmo cínico que a tirou, menina, das camadas populares, que a comprou de qualquer cáften e irá aumentar o cortejo das que têm por missão saciar a fome bestial do senhor de escravas brancas, assalariadas para a venda de sua carne.

Se ainda falhar essa hipótese, (e tudo é questão de sorte, acaso, destino), será a desgraçada solteirona histérica, a criar cachorrinhos ou titia de sobrinhos malcriados.

Se falha também essa hipótese, há outra: a da besta de carga, a proletária, explorada no trabalho, noite e dia, pela exigência da família — cheia de necessidades.

É inútil pensar em fugir de qualquer das hipóteses.

A mulher tem de cair em uma dessas redes.

A solteirona podia falhar ao seu destino, se se resolvesse a deixar de ser o relicário famoso da honra da família. De todas as hipóteses, é a mais deprimente e a mais tola — pela ingenuidade, pela ignorância, pela idiotice com que se sacrifica inutilmente, passando a ser motivo de ridículo e zombaria de toda a família, por quem se sacrificou, e de toda a sociedade, que impõe o sacrifício a quem não tem coragem para se tornar livre, consequentemente: antissocial.

A mulher não passa de cousa, *bibelot*, lulu-da-pomerânia, animal de tiro, máquina de prazer, procriadora na maternidade imposta, inconsciente, de cidadãos para a defesa sagrada da pátria dos histriões políticos — também presos aos cofres dos altos industriais, reis do aço, do petróleo, do carvão, da borracha ou do café.

É sempre a explorada pelo homem, como ambos são explorados pela organização social de privilégios e convenções.

Dentro de tal regime, quem quiser emancipar-se, ou melhor: quem quiser caminhar para a sua realização, tem de desertar da sociedade, ser indivíduo antissocial, colocar-se fora da lei e dos preconceitos de uma civilização envilecida de crimes e de baixezas.

A organização social baseada no capital e no salário, na exploração do homem pelo homem, civilização de indústria, nunca emancipará nem ao homem, quanto mais à mulher.

Não há absolutamente ilusão alguma para os que veem menos superficialmente o caminho errado seguido pelos homens arrastando as mulheres em direção à loucura da voragem de todas as degenerescências — para o suicídio coletivo da humanidade, cada vez mais acorrentada à geena de necessidades perfeitamente dispensáveis, inventadas pelos industriais, os mercadores do fantástico mercado do gênero humano.

A concorrência comercial, a ambição incomensurável dos que buscam acumular sempre, mais e mais, em detrimento de todos, a megalomania do poder e da autoridade, a correria louca de toda gente em busca dos prazeres e excessos sensuais — tudo é um passo para as guerras, para as revoluções, para o descontentamento geral, para o assalto às posições já ocupadas — a busca do gozo material num delírio de baixo sensualismo — que é bem a amostra do degenerar de todas as fibras mais sensíveis e mais admiráveis das energias interiores, dos seres humanos.

O homem deixou de ser homem para ser máquina dispersadora de forças fantásticas, inutilmente, cujo objetivo, cuja finalidade se resume em inventar necessidades ilusórias, complicando cada vez mais a vida, em um esbanjar de energias que assombra, exclusivamente voltado para o progresso material.

E esse progresso é a morte, a escravidão de uns, ociosidade de outros, a degenerescência de todos.

Do progresso material resultam as guerras, cujo pretexto é o ídolo da Pátria (ídolo exigente, Moloc insaciável como todos os ídolos) e cuja razão de ser vamos buscar na concorrência comercial, nas Bolsas e nas grandes usinas de armas, nos cofres-fortes dos donos da humanidade, escravizada ao bezerro de ouro.

Dentro da sociedade capitalista a mulher é duas vezes escrava: é a protegida, a tutelada, a "pupila" do homem, criatura domesticada por um senhor cioso e, ao mesmo tempo, é a escrava social de uma sociedade baseada no dinheiro e nos privilégios mantidos pela autoridade do Estado e pela força armada para defender o poder, o dominismo, o industrialismo monetário.

Assim pois, socialmente falando, dentro do regime do Estado burguês-capitalista, todos são escravos, todos são exploradores e explorados, ninguém pode conhecer o que seja emancipação.

É uma civilização de escravos a sociedade que decreta

UMA MORAL PARA CADA SEXO

E como? Sob o ponto de vista biológico, não são dois seres da mesma espécie? Sob o ponto de vista psicológico, não luta, cada qual, com os mesmos complexos afetivos?

Como não mostrar à mulher o preconceito que a pode levar ao manicômio ou à imbecilidade (que o diga a psicanálise!), como não dizer-lhe que não passa de escrava do imenso harém social, guardada em cada canto pelos eunucos morais da virtude da gente honesta, dos bons costumes, capazes de a expor às maiores humilhações e às mais abomináveis torturas e às mais terríveis angústias, capazes de levá-la aos crimes do infanticídio, contanto que se salvem as aparências?

E, por que não ver a vida por outro prisma, a grandeza maravilhosa do amor sob todos os aspectos, a beleza da fecundidade consciente, as leis de atração universal, e como não tentar educar o homem para compreender e sentir comovidamente, o gesto livre e nobre da mulher que se dá por afeto, em vez de esperar, fingidamente serena, numa timidez hipócrita, que a colham "como a uma flor" (na expressão dessa literatura adocicada à Júlio Dantas) ou que a deixem atirada à inominável angústia da tragédia da solteirona?

Ninguém ignora que "todo órgão corresponde a uma função e que toda função orgânica é indispensável para manter a harmonia geral". Não se compreende a exceção feita para os órgãos genitais femininos — se neles se condensa toda a razão de ser da multiplicação da espécie, toda a razão de ser da vida no ciclo da nossa evolução.

Entretanto, se atestam o anátema de *l'éternelle blessée*, se afirmam todos, que a vida da mulher depende de seus órgãos de reprodução, se todos se julgam suficientemente conhecedores do assunto para terem o direito de analisar a mulher como um ser doente periodicamente devido às suas funções orgânicas, caracterizadas pelos órgãos sexuais — a sociedade civilizada e moraliteísta e a sua respectiva "célula *mater*" — a família — convencionaram, para a defesa dos privilegiados, que: a vida sexual da mulher é "qualquer cousa de facultativo perfeitamente dispensável, não importando em que idade", enquanto o homem se defende decretando as suas necessidades mais urgentes e invariáveis, e perenes, contra as quais nenhum obstáculo é bastante forte para desviar de viver a sua vida integral na escala zoológica.

Nada mais prejudicial à espécie, nada mais criminoso em relação aos indivíduos do que essa coerção aos instintos da mulher, coerção única e a mais abominável verificada no reino animal.

Essa abstenção forçada pelos prejuízos sociais afeta de preferência, o sistema nervoso e o aparelho digestivo consequentemente, todo o organismo e toda a vida psíquica.

Que o diga Freud, que o digam os manicômios e os conventos.

Seria necessária ainda uma investigação nos hospícios de alienados?

Na Salpêtrière, entre 1726 loucas, 1276 eram solteiras (Jean Marestan).

Tudo isso, por demais conhecido, não influi nos bons costumes moraliteístas da gente honesta de toda a cristandade civilizada e piedosa.

Que as mulheres estrebuchem, que a psicanálise amontoe fatos empilhados aos milhares, que as famílias carinhosas amordacem os seus casos tristes, que aumente a clientela das *faiseuses d'anges*, que os vícios inconfessáveis se alastrem entre a gente virtuosa, contanto que se dê satisfação à sociedade e se evite "o que poderiam dizer".

O problema não cabe nos limites de umas páginas.

Demais, aqui, não o abordo em cheio.

E tem mais faces dolorosas. É "o drama de ser dois", e homens e mulheres se afastam cada vez mais um do outro, porque, cada qual quer modelar o companheiro pelas suas aspirações e pelos seus gostos pessoais, duas pobres raças sociais que se digladiam e se amam, que se querem e se irritam mutuamente, a ponto de não tentarem, por incapacidade alternativa, o entendimento mútuo.

Tragédia de ser dois...

E carecemos de estoicismo. Temos de aceitar as criaturas tais como são, incondicionalmente, com os seus defeitos e as suas qualidades.

Defendendo ferozmente a individualidade própria, conservando a pureza de princípios interiores, temos de condescender com as imperfeições dos outros, dos que evolucionaram por escalas diversas, dos que seguem rumos e cruzeiros mesmo antagônicos, se essas criaturas têm boa vontade e se esforçam também pela própria realização.

Muitos são os caminhos... e a missão de nós outros, é, quem sabe? aplainar todas as encruzilhadas para que cada qual se realize segundo as suas possibilidades, e nunca procurar complicar, cada vez mais, as dificuldades e os tropeços e o cansaço da ascensão.

Neste período extraordinário de enervamento, degenerescência e desequilíbrio social, os tipos de individualismo variam consideravelmente, multiplicam-se em pontos de vista que se desdobram pelo infinito além: ninguém se entende, não há duas criaturas superiores que se harmonizem perfeitamente em ideias e sentimentos, mesmo porque a dúvida avassalou tudo e há lutas formidáveis, tragédias fantásticas na vida interior de um mesmo indivíduo, o qual, raramente, excepcionalmente consegue equilibrar, harmonizar o seu pensamento, a sua sensibilidade ética e as suas ações.

Que milagre, que prodígio maravilhoso não é, pois, o encontro de duas harmonias sublimadas no grande amor! São pouquíssimos esses eleitos. Quase todo o gênero humano passa pela vida sem viver o verdadeiro Amor, essa "afinidade eletiva" integral, sonhada docemente pelos poetas e pelos visionários, pelos amorosos e idealistas da santa utopia de uma sociedade mais pura.

Que bondade é necessária, que imensa bondade precisamos exigir de nós mesmos, para sentirmos a grandeza de outra criatura, para a amarmos incondicionalmente, respeitando a sua individualidade para podermos conseguir que também ela respeite a nossa individualidade.

É o problema sentido maravilhosamente por Han Ryner, o filósofo do "sorriso da dúvida e da música do sonho"...

E A ESCRAVIDÃO SEXUAL?

Parece incrível que os órgãos sexuais da mulher é que determinam a sua exploração, sob a tutela e a proteção do homem.

Entretanto, afirma a medicina que nada é mais difícil do que verificar a virgindade autêntica.

E nada é tão frágil e tão ilusório.

E do hímen nasce a exploração sexual.

A mulher não é dona de seu próprio corpo, e, ainda agora, não sabe ser, não quer ser.

A literatura, as religiões, a astúcia masculina criou e a cretinice feminina aceitou e repete, gostosamente, as expressões: belo sexo, rainha, deusa, santa, anjo, sexo sentimental, tantas outras palavras criadas para afastar a razão feminina do verdadeiro sentido da vida.

Parece incrível que um homem de mediana inteligência possa ainda curvar-se, religioso, ante o altar da himenolatria.

As cousas aprendidas na alta missão social de imbecilizar os indivíduos, nos escravizam até a cretinice. E o vocabulário da literatura enriqueceu-se com tal fetichismo.

Palavras doces, delicadas, diáfanas, envolventes, mas a literatura e a religião se esqueceram de que essas expressões não conseguem extirpar a necessidade fisiológica que a natureza teve a preocupação de pôr nos órgãos da multiplicação da espécie.

Anjos, deusas de carne e osso, sem asas imponderáveis, porém, com órgãos exigentes como todos os dos outros animais.

E a natureza se vinga, quando é desrespeitada: histeria, beatice, amor-paixão aos animais e vícios — são provas inequívocas de que nos desviamos da vida natural.

Mutilaram a mulher, através dos preconceitos e das convenções sociais: fizeram dela um ser incompleto e desgraçado no tipo solteirona e resolveram o problema sexual masculino, organizando o mercado das relações sexuais, a prostituição, os *cabarets* e *casinos*, as casas de tolerância, os "recursos", os *rendez-vous* e o caftismo.

É bárbaro o prejuízo da virgindade, da castidade forçada para o sexo feminino, castidade imposta pela lei e pela sociedade, como é bárbara a prostituição "necessária" para resguardar a "pureza" da carne das *jeunes-filles* — (como se a carne virgem contivesse a pureza da consciência, a pureza da alma,) — e para saciar os esfomeados de todas as idades e de todos os estados civis. Também é selvageria a maternidade não desejada, a maternidade imposta pelos maridos comodistas às mulheres ignorantes e duplamente sacrificadas.

É irrisória a ideia da emancipação feminina dentro da sociedade movida pela cupidez do ouro, pelo delírio erótico do progresso material.

Civilização de caftismo do amor e das consciências, em que todos são cúmplices — vencedores e compradores, os que auferem lucros e os que gozam neste imenso mercado de escravos.

SOB O ASPECTO BIOLÓGICO,

chegou-se à conclusão de que nem o homem nem a mulher conseguem elevar-se às alturas onde pairam investigações delicadas da alma humana, nem chegar à compreensão da vida em todas as suas admiráveis e múltiplas perspectivas, se se conservou virgem do contacto de outra criatura do sexo oposto.

É uma mutilação, e a vida humana é a expansão de todo o nosso ser, o exercício de todos os nossos órgãos, dos sentidos, de todo o complexo afetivo e psicológico.

Não se podem discutir as exceções geniais.

Nem é preciso respigar dos cientistas para saber que a saúde do corpo e a integridade da vida psíquica está intimamente ligada aos órgãos da reprodução da espécie.

E, "ignorar a necessidade do comércio sexual para a saúde e a virtude do homem e da mulher, é o erro mais fundamental da nossa filosofia médica e moral", diz o eminente cientista inglês dr. George Drysdale, da grande linhagem mental de Malthus e Darwin.

É a "lei do exercício", a lei fisiológica por excelência.

A nutrição de cada órgão do nosso corpo é favorecida pelo exercício.

Até as secreções, as glândulas, estão sob a dependência da lei fisiológica do exercício dos órgãos e das emoções.

Músculos, nervos, glândulas e respectivas secreções, tecidos, todo o corpo, todo o ser no seu conjunto orgânico e emocional está mutilado, doente, incompleto, paralisado, se não vive a vida integral, a vida fisiológica, sentimental afetiva e mental.

Daí o não concordarmos com a jovem e já ilustre escritora castelhana — Federica Montseny — ao fazer de Clara um tipo perfeito tanto quando o concebe na mulher de amanhã, admirável, incorruptível, forte e bela física e mentalmente, mulher emancipada da emancipação artificial de votos e burocracia e esportes, emancipação fictícia com que a sociedade se incumbe de a enganar, de a ornar para que se esqueça da sua verdadeira emancipação e para que seja captada a energia feminina entre as forças do passado reacionário em defesa das "verdades mortas"; mulher que se libertou de todos os "detetives morais" da sociedade ou da opinião pública e até da "Censura" interior — para ouvir a voz da sua consciência clarividente, mulher preocupada com altos problemas científicos e sociológicos, sã de corpo e de mente, e, contudo, mutilada nas necessidades orgânicas, vivendo inteiramente entregue à solução dos problemas humanos, sem sofrer as consequências da castidade no sentido absoluto.

O que sabemos de fisiologia é que os órgãos condenados a não funcionar provocam o desequilíbrio de todo o organismo.

Sabemos o que são os eunucos e, consequentemente, o que representam os testículos na vida do homem. Sabemos o que são os ovários na vida da mulher.

Que o diga a fisionomia das solteironas autênticas, depois dos 25 anos, às vezes antes, que o diga a sua ressurreição orgânica integral, se após, resolvem o "seu" problema, de qualquer forma, dentro ou fora da lei.

Não há família que não tenha o seu caso doloroso de nevrose em meninas ou nas pobres solteironas. E quase sempre a histeria ou quaisquer outras manifestações nervosas e mentais continuam a devastar os nervos e todo o organismo pela vida afora, mesmo se se casam essas mutiladas: é que o mal irrompe após o trabalho lento, devido à continência prolongada, e já os órgãos se haviam prejudicado enormemente, produzindo forte impressão na vida psíquica.

Jean Marestan, no seu magnífico livro *L'Éducation sexuelle*, diz que "entre as mulheres hindus que sabiamente se casam desde o aparecimento das regras, a histeria é, parece, quase desconhecida, ao passo que é comum na Europa, onde numerosos são os excitantes ao amor, porém, onde os costumes lhes recusam satisfação durante uma parte da mocidade e, por vezes, durante toda a vida".

A INICIAÇÃO SEXUAL PARA AMBOS OS SEXOS

E é lógico: "Havemos de morrer de fome, se não encontramos o prato que mais apreciamos?".

Por que não tentar nova experiência amorosa, se a primeira falhou, matando algumas das nossas ilusões mais caras?

Ninguém pergunta ao homem pela sua vida sexual antes do casamento (e pela existência afora...); pelo contrário, é ridicularizada a virgindade masculina e todos são unânimes em achar necessário o tirocínio na questão e é mais que razoável e há toda condescendência para os "pecados" da juventude masculina.

Na sociedade dos países escandinavos, como na Alemanha, na Rússia, no Norte da Europa geralmente, nos Estados Unidos ninguém mais indaga dos gostos, das predileções ou das experiências amorosas anteriores — quando procura realizar uma nova experiência ou a felicidade dentro da liberdade no amor.

Aliás, todos os "casos" se devem resolver segundo as possibilidades individuais.

Que cada qual solucione o seu problema, como puder ou como o entender.

Mas, para encontrar o "homem", "esse homem" que todo o nosso ser deseja através de um sonho delicioso e prometedor de integração, é preciso formular um ideal de amor, procurá-lo, "saber distingui-lo"; do contrário, corremos o risco de estiolar o nosso organismo, de adormecer a sensibilidade, de mutilar o nosso corpo e esmagar o nosso sonho, de matar as aspirações, de embotar as faculdades mentais e sentimentais no tipo "solteirona", fazendo de nós uma criatura fora das leis biológicas, fora da natureza, uma nota desafinada no concerto universal.

Não há nenhuma criatura humana que passe pela vida sem sentir ou sem provocar a atração de um indivíduo do sexo diferente.

A lei de atração e repulsão, a lei de gravitação universal é generalizada, abarca os mundos, os seres orgânicos, todas as cousas no macrocosmo como no microcosmo.

Se, sob o ponto de vista afetivo-psicológico, a escolha é difícil e o gosto feminino, talvez mais exigente, se o nosso sonho sonha a perfeição, tanto quanto possível, ou a harmonia paralela à nossa harmonia interior, a natureza, por sua vez, serve-se do instinto, das nossas criptas subconscientes para as suas leis de atração e repulsão, em prol da multiplicação da espécie.

E nos obriga a pagar tributo caro, se a desrespeitamos, cometendo nós os "pecados fisiológicos", os crimes de lesa--natureza que os animais, os chamados irracionais estão longe de perpetrar.

E sob o ponto de vista ético, por que razão a mulher não pode ou não deve colher das experiências amorosas o mesmo poema, o esforço, a luta, uma batalha, o cinzelar da estátua interior e uma vitória dentro de si mesma?

Porque a mulher, em busca do grande Amor, em busca dessa verdadeira "afinidade eletiva" integral, que, para mim, é o poder de combinação, é a atração sob todos os aspectos, é a harmonia e o equilíbrio, é a independência mútua através da interdependência afetiva de todos os complexos psicológicos, é atração eletromagnética, sentimental e mental de dois polos que se buscam e de duas linhas de evolução paralela que se encontram e se completam, — por que a mulher, buscando esse milagre de felicidade, não tenta a experiência amorosa através das leis de atração universal, colhendo o que lhe parece mais superior, mais perfeito, mais belo, mais harmonioso?

É erro sob o ponto de vista fisiológico, a ideia de que a castidade absoluta conserva toda a energia vital do indivíduo — para que possa entregar-se de corpo e alma à atividade mental, e que toda soma de forças poupadas na continência sexual forçada pode ser aproveitada na vida intelectual.

A vida sexual não exclui a castidade.

Se os excessos de qualquer natureza são sempre prejudiciais, também o repouso absoluto de um órgão ou o seu não funcionamento traz os mesmos inconvenientes, quiçá mais graves.

A preocupação constante, a ideia fixa, o poder da vontade aplicado a vencer a natureza, desrespeitando-a — produz "fobias", doenças imaginárias, desordens orgânicas e é, consequentemente, empecilho à atividade intelectual prolongada.

Todos nós conhecemos a história dos monges da Tebaida, os escândalos dos conventos, a histeria, os estigmatismos e a exaltação mística doentia ou anormal dos santos e santas da Igreja.

Explique-se como quiser, quer se entre no domínio da psicopatologia, das forças do chamado inconsciente ou da metafísica, o que é certo é que o álcool ou a morfina, o ópio ou a cocaína — excitantes ou entorpecentes ou venenos e até a sugestão podem produzir exaltações do mesmo gênero.

A abstinência forçada parece agir no organismo de certos temperamentos, como esses entorpecentes momentâneos e fatais.

Encontramos, por vezes, nomes de grandes artistas e eminentes cientistas como sendo celibatários, ingenuidade que não vem ao caso: celibato não quer dizer castidade perpétua...

Assim, é difícil, é quase impossível que uma mulher ou um homem conserve toda a integridade física e mental, toda a serenidade de espírito para as investigações científicas e éticas — se vive só, sem um afeto mais íntimo, sem satisfazer as necessidades fisiológicas inerentes ao sexo, para a mulher, principalmente, as necessidades de ordem afetiva-sexual.

Agora, satisfazer as necessidades sexuais não é cair no extremo oposto, viciando-se — tal como se dá com a maioria do gênero humano, transformando uma função orgânica em atos repetidos e multiplicados de libertinagem ou luxúria, sem nenhum domínio sobre os sentidos.

Mas, a ansiedade contra a qual impossível lutar, uma inquietação absorvente, o desassossego de quem espera indefinidamente, o *surmenage*, a melancolia, a misantropia, as desordens do aparelho digestivo — eis a estrada larga e angustiosa percorrida pelo intelectual que tenta fugir de exercer todas as suas funções orgânicas ou que está impedido, por qualquer motivo, de viver a vida em toda a plenitude orgânica, afetiva e mental.

Para a mulher superior é, de fato, complexa, difícil a solução do problema, no meio latino de protetores e senhores, cavaleiros andantes, moraliteístas farisaicos, cristãos monógamos a representar a comédia do tartufismo da civilização unissexual.

Se não encontra esse grande amor, essa "afinidade eletiva" que é todo o seu sonho de cada instante?

Mas, e a integridade da sua saúde, para a qual urge tomar providência imediata, conforme o seu temperamento?

E a luta interior, a luta contra o preconceito enraizado, contra o que nos ensinaram, o que herdamos, contra tudo que é artificial em nós, contra a timidez aprendida e milenar e que não passa de requintada hipocrisia através da educação dos "bons costumes"?

E a rotina, a moral dos escribas desta sociedade que sabe de tudo isso, porém, prefere o que é feito às escondidas, e exige, publicamente, o "recato" da mulher e a mimoseia com epítetos os mais deprimentes, os mais humilhantes, se ela não espera que a colham "como a uma flor" para enfeite de uma lapela... e se se dá ao eleito, procurando viver a sua vida e evitando, assim, a consequência desastrosa para a sua saúde física e psíquica? Demais, quantos milhares de mulheres baixam à sepultura, envelhecidas de esperar em vão que as colhessem "como uma flor"?...

É perfeitamente inútil esse sacrifício contra a natureza, esse "pecado fisiológico" imperdoável, não mais condizendo a moral dos nossos dias com os conhecimentos biológicos, com a psiquiatria, com a psicanálise, com os esforços ingentes que vem fazendo a mulher para se liberar de todos os "detetives morais" que a prendem, brutalmente, à geena das convenções sociais.

Se é difícil entre nós, latinos, a solução do problema feminino, se é amargura e tormenta interior o drama da emancipação da mulher, se as precursoras se sacrificam anatematizadas por uma civilização de caftismo oficializado, não é desesperador se olharmos o problema na sua verdadeira face que é o prisma individual, porque há individualidades masculinas de grande valor ético e de admirável sensibilidade que procuram a solução para o seu problema afetivo, alarmadas de não encontrar o tipo mental feminino que as complete para a harmonia a dois. Há uma quase tragédia nesse desencontro...

São mais raras: o homem se contenta mais facilmente. A natureza os fez apenas para fecundar no plano físico... e tal exigência fecha-lhes o cérebro na apreciação da mulher. Só os sentidos amam no homem. Embora o seu protesto veemente diante da mulher superior pela elevação ou pela cultura, o homem, se procura, se se entusiasma pela mulher intelectual, ainda é a exigência dos sentidos a prever um "caso" original, uma emoção mais requintada, um prazer diferente, a vaidade dos casos singulares... A exceção masculina é quase a divindade...

Está sempre de pé a tragédia dos sexos, o drama de ser dois: a mulher ama com o coração, com a sensibilidade afetiva.

A SOLUÇÃO É INDIVIDUAL

Não creio em um progresso coletivo, na felicidade, na harmonia social. A evolução ética, considerado o conjunto humano, é quase ou inteiramente nula.

O que nos parece progresso moral, é, as mais das vezes ou quase sempre, uma mudança de atitude baseada na hipocrisia — a virtude social por excelência: é a perversidade mais requintada.

E dantes, uma figura de sacrificado era alçada aos visos dos mais altos cumes históricos. A taça de cicuta de Sócrates —

o corruptor da mocidade — ilumina ainda hoje as veredas ardentes dos utopistas do idealismo renovador. Hoje, os Ferrer, os Sacco e Vanzetti contam-se por números, são centenas os corruptores e seu martirológio já não deixa um traço de luz tão forte nas consciências.

Habituamo-nos aos crimes inomináveis dos reacionários. Modernizamos os suplícios, e, a cadeira elétrica impressiona menos que a taça de cicuta. Orgulhosos de pôr a ciência e as forças naturais a serviço da perversidade organizada legalmente e com o nome pomposo de progresso material, quase nos envaidecemos dos nossos meios científicos, e a eletrocussão é tema para fazer esquecer as figuras delicadas dos sonhadores e utopistas devorados pela reação bestial, requintadamente civilizada.

Não há senão alegria interior, felicidade individual. Só podemos aspirar ao progresso moral de cada indivíduo considerado como unidade.

Nesse caso, a mulher tem de proceder como os individualistas livres, se tem caráter, dignidade, se é consciente, se reivindica o direito de viver, o direito de criatura, de ser humano, e até o direito de animal na escala zoológica.

Desprezará "o que poderiam dizer" e procurará dar expansão a todas as suas energias interiores, a todos os impulsos do seu coração, a todos os seus sentimentos nobres e irá colher, na vida, o perfume que a vida oferece, na taça da liberdade de pensar e agir, a quem tem coragem para ser antissocial e viver o sentimento humano... fora da lei.

A mulher terá de deixar as suas tolas e infantis reivindicações civis e políticas — para reivindicar a liberdade sexual, para ser dona do seu próprio corpo.

É a única emancipação possível, dentro da civilização — mercado humano, tronco de escravos.

Emancipar-se economicamente ganhando a vida pelo seu trabalho e emancipar-se pela liberdade sexual.

É o início do Matriarcado.

A vida social segue uma espiral subindo, lentamente, gradativamente, mas, passando por etapas já verificadas em outras civilizações.

O Matriarcado é a volta às leis naturais: os animais nos dão exemplos frisantes dos direitos primordiais das mães.

Mas, o Matriarcado agora, consciente. Não mais o comunismo primitivo, porém, a liberdade de amar.

É biológico, é humano, é natural a mulher reivindicar a posse de seu corpo, aliás, todos os animais gozam desse direito.

A mulher vai compreendendo, felizmente, que as leis são feitas pelos homens e para os homens — sexualmente bem instalados na vida — e que só visam o bem-estar, a liberdade, o prazer e o pátrio poder do sexo forte, em detrimento do sexo fraco, que, por ser fraco, tem de aceitar a proteção nessa partilha leonina.

E, afetiva, sentimental, se deseja o amigo, o companheiro, não suporta mais o dono, marido, proprietário legal.

A mulher de caráter, a mulher superior sente a humilhação a que se submete no casamento. Acompanha a história dolorosa, a *via crucis*, a tragédia do sexo feminino através de todas as civilizações e vai tomar caminho oposto.

Se a apontam como imoral, como corruptora de costumes, isso lhe não importa. É individualista, reivindica o direito à vida, o direito à alegria de ser alguma cousa mais do que objeto de compra e venda, dentro ou fora do casamento.

É a luta aberta, deserção da sociedade, é o colocar-se inteiramente à parte, vivendo a vida simples, dentro de uma moral bem mais humana, como um ser que volta às leis cósmicas — as únicas dignas de respeito, as únicas merecedoras do nosso culto, da nossa admiração, do nosso entusiasmo.

E a "mãe de família", etimologicamente: "mãe de escravos" (que ironia tremenda!) mãe dos cidadãos defensores da pátria, mãe da carne para canhões começará a perceber toda a exploração de que tem sido vítima, e, transmitirá às suas filhas, a coragem de se bastar a si mesmas na luta pela subsistência, o sentimento da dignidade humana no gesto solidário para com todas as mulheres. Não consentirá em assentar a sua felicidade na exploração organizada das suas irmãs e ganhará a convicção de que só através da liberdade é que se conhece o verdadeiro Amor e a verdadeira emancipação — que é a realização das nossas possibilidades individuais, a expansão das nossas energias voltadas para uma finalidade mais alta: — perfectibilidade interior, o "conhece-te a ti mesmo, para aprenderes a amar".

E, longe de se degradar a mulher, defendendo os seus legítimos direitos à liberdade de amar e à maternidade livre e consciente, diviniza-se, eleva-se à altura das suas possibilidades latentes.

Lembremo-nos do que disse Havelock Ellis: "As atividades sexuais do homem pertencem, não a essa parte inferior da nossa natureza que nos rebaixa ao nível do 'bruto', mas, a essa parte mais nobre, a qual nos eleva em direção a atos, os mais delicados, a ideais os mais puros segundo a nossa aptidão para os conceber" (*The Psychology of Sex*).

E a liberdade sexual da mulher será a conquista suprema que remodelará por completo o velho mundo.

É através da Maternidade consciente que se vão esboçar os contornos iluminados de uma vida nova: seria o extermínio das guerras, da fome, dos prejuízos sociais funestos a todo o gênero humano, é o combate aos crimes passionais, é a extinção da prostituição e do crime não menos inominável da castidade forçada para a mulher solteira e da maternidade imposta à ignorância da mulher casada, é o extermínio do infanticídio, é a questão resolvida da lei de população.

"O problema humano é uma questão sexual." A pedra angular para o edifício de uma grande civilização por sobre os escombros da nossa moral de escravos — seria a liberdade sexual da mulher.

A primeira e decisiva conquista será, já o disse, a emancipação econômica feminina, para trabalhar e viver livremente ao lado do homem, sem a qual não pode ser senão escrava.

Depois, a supressão das futilidades, do luxo, causas importantes da sua escravidão.

Só é verdadeiramente emancipada a mulher que deixou de ser "fêmea" para ser mulher.

Depois, tendo a mulher o encargo e a responsabilidade maternal, é justo e é lógico que seja livre de escolher o pai para o seu filho.

Tem bem razão Victor Margueritte — (*Ton Corps est à toi*) — quando diz: "O único meio de preservar do aborto o futuro, é que toda mulher, de ora em diante, não seja mãe senão quando queira".

E mais: se o amor é a preocupação absorvente e única da vida feminina, pela natureza afetiva e sentimental da mulher e, se a ela incumbe a educação da criança, da juventude, e o papel de estimular e de inspiradora, é incrível, é absurdo que o ser feminino seja obrigado pela lei ou pela moral religiosa e social a se contentar com uma só experiência amorosa em toda a vida ou seja constrangida a renunciar a toda razão de ser da sua existência, mutilada no tipo *solteirona*.

Difícil a escalada.

A psicologia masculina de cordel supõe que a mulher verdadeiramente emancipada, (e que nem mesmo deve ter o preconceito da emancipação,) é uma presa fácil. E se atira ávida à aventura...

É preciso, mais de uma vez, traçar limites à sua desenvolta ligeireza.

Só isso seria assunto para outras páginas em que hei de narrar um dia o ridículo com que se aprestam os tais aventureiros do Amor.

Não imaginam que, justamente, a mulher superior protesta contra o fato de que, em todos os tempos, foi o homem quem escolheu. E a mulher, sempre passiva, espera às vezes, inutilmente, que a colham "como à flor para enfeite da lapela"... de um Don Juan ou de um Otelo. A mulher consciente escolhe. Demais, do mesmo modo que a mulher fácil desgosta ao homem superior, o homem pressuroso que se oferece à mulher consciente, prova bem que nunca esteve à altura de compreender a nobreza digna da mulher que se preza para só se dar por Amor e somente a quem estiver à altura da sua própria clarividência.

Essa é a grande diferença.

Enquanto, para o homem, todas as mulheres representam a espécie e, portanto, satisfazem à sua gula curiosa e volúvel, para a mulher que escalou as alturas das suas possibilidades latentes — o homem é olhado, não como gênero ou como espécie, mas, como indivíduo.

E é preciso se haver libertado de todos os detetives sociais — pela bondade ou pela sabedoria, pelo caráter, pela grandeza ética ou pela sensibilidade de artista de um mundo novo.

Um homem desses tem a nobreza, tem o "orgulho da frialdade" para não se oferecer, para não se manifestar, para se bastar a si mesmo se não for o eleito da mulher consciente dos seus direitos de ser humano, mulher que escalou sonhos nas alturas e que se vai realizando à custa da dor inominável de se esculpir a si mesma.

Quando o homem e a mulher atingirem a tais alturas, estará resolvido o problema humano.

A verdadeira emancipação é o domínio próprio e o respeito à liberdade e à vida.

Seria, então, suprimida naturalmente a prostituição, ao mesmo tempo que a Maternidade desejada seria consciente, livre, clarividente, "radiante", segundo a expressão eugênica neomalthusiana.

E nada temos que esperar da sociedade.

As sociedades com os seus prejuízos e a sua rotina, serão sempre limitação, em luta aberta contra os direitos individuais.

Não pode haver equilíbrio ou proporção harmoniosa entre a perfectibilidade individual e as organizações sociais.

As sociedades — essa fatalidade inexorável, inevitável como a morte, no dizer do filósofo, são as mediocracias organizadas contra as reivindicações dos indivíduos.

Mais se torna genial o ser humano, inteligente, livre, consciente, mais se realiza e mais se afasta da sociedade — sua inimiga, no seio da qual se torna indesejável.

Não tem razão Max Nordau ("A essência da civilização") censurando a Ibsen o seu admirável aforismo individualista: "O homem mais forte do mundo é o mais solitário". Nordau não interpretou o pensamento de Ibsen, na sua crítica bastante superficial.

Forte não é o dominador das massas, forte é o indivíduo que se domina a si mesmo, forte é o que se basta na luta pela subsistência, forte é o que se sente feliz na sua própria companhia, é o que nunca se sente solitário porque vive integrado em si próprio, na sua realização interior. É o que semeia, porque tem o que colher...

O ser humano se emancipa, quando se torna indivíduo antissocial.

Então, ilumina todo o seu sonho de evolução através da própria luz interior.

Tomemos do cinzel e cortemos, sem piedade, cada dia, todas as arestas dos preconceitos, da ignorância, da rotina, e modelemos a nós mesmos com o buril do "individualismo da vontade de harmonia" e subamos na escalada da vida, para uma evolução sempre e cada vez mais alta.

E, se é preciso "limpar o cérebro de todos os prejuízos", "é necessário também sacudir no fundo, para forçar os sentimentos verdadeiros que aí se ocultam, a vir à superfície" (Victor Margueritte — *Ton Corps est à toi*).

Então, é o despertar do Artista Absoluto que dorme nas criptas do nosso ser profundo — para criar e divinizar os nossos próprios sonhos e os fazer pairar tão alto quanto o permitam as ondulações das nossas possibilidades latentes.

Então, renasceria de nós mesmos esse Artista Absoluto que concebe e esculpe a nossa própria estatuaria dentro do ritmo da nossa realização interior.

É essa a verdadeira emancipação.

Será quando pudermos cantar no coração das crianças o sonho maravilhoso e iluminado da Harmonia das Esferas...

QUARTA PARTE

Gregorio Marañón e os
Tres ensayos sobre la vida sexual

TUDO, NA VIDA HUMANA, É FUNÇÃO DE ORDEM SEXUAL

Em seu livro — *Três ensaios sobre a vida sexual*, Marañón sustenta a tese de que toda a vida humana está influenciada pelo sexo. A ação do homem, o trabalho, o esporte, tudo tem caráter sexual, tudo é função de ordem sexual.

Do mesmo modo, as características físicas de cada sexo, voz, músculos, tecidos, o sistema nervoso, ósseo, são modalidades evidentemente sexuais.

Faz ressaltar o equívoco de Freud, confundindo a *fome* sexual com o *instinto* sexual, este último muito mais nobre, muito mais amplo. Daí o exagero dos discípulos de Freud, dando a tudo a interpretação simbólica dos órgãos sexuais. Exagero do próprio Freud, aliás.

Sustentando que a mulher nasceu para mãe e que sua atuação não é social, senão quando ela perde os seus característicos de feminilidade, acha lógico o capitalista pagar salários inferiores aos indivíduos do sexo feminino porquanto a sua constituição física é inferior para o trabalho e o capitalista não deforma com sentimentalismos a visão da realidade.

E incoerente, porque, também faz notar a *adaptação social inevitável* da mulher primitiva, inventando o trabalho. A mulher é a primeira que cultiva os campos, é quem faz a cerâmica, quem semeia e colhe, enquanto o homem caça. Lembra ainda o esforço da mulher durante a guerra, competindo com o homem. Acha que são *atividades de emergência*, fatos de *acomodação circunstancial* "que, de modo nenhum afetam a essência biológica da questão".

A mulher, em algumas tribos primitivas trabalhava e ainda hoje trabalha mais que o homem. E no nosso mundo civilizado, no campo, nas docas, nas minas, nas oficinas, por toda parte, vemos o esforço físico da mulher competir com o do homem.

Nesse caso, equitativo será — *a trabalho igual, salário igual* e não, sentenciosamente declarar a inferioridade física da mulher e decretar salário inferior para o sexo feminino.

Não haverá diferença entre a musculatura exercitada da mulher do campo, habituada a mourejar de sol a sol e a delicadeza do almofadinha das cidades, anêmico de viver dentro de uma sala de escritório durante horas consecutivas a escrever no escuro ou à luz artificial?

Mais longe: mesmo o esportista será capaz de resistir ao trabalho interminável e consecutivo de uma mulher do campo? Os esportistas levam a vida entre o repouso e a boa alimentação e o esforço violento e rápido. A mulher operária carregadora das docas ou a mulher do campo não conhece repouso, nem massagens, nem lazer.

Seu esforço é vigoroso e continuado, sem quase interrupção.

Marañón se refere decerto às bonecas de salão...

"Atividade de emergência"? Será para as grandes damas da sociedade elegante e essas, contam-se pelos dedos. Nos meios camponeses e proletários essa atividade de emergência dura a vida inteira e se transmite de geração em geração como herança, salvo se a descendente salta para o rol das prostitutas de qualidade, para descansar... como o esportista.

Pelo contrário, é a essência biológica que prova a vitalidade feminina. A sua adaptação social de parasitismo é que é antibiológica.

O próprio Marañón sustenta que o trabalho "*originario, fundamentalmente, es una función normal del organismo, como la digestión o la copulación*" [originário, fundamentalmente, é uma função normal do organismo, como a digestão ou a cópula].

Se é função normal do organismo, não o será também para a mulher?

Para mim, o contrário é que eu afirmaria: a maternidade é uma função natural, porém, função de "emergência"...

Passado o período da gestação e lactação, a mulher está apta para a luta social.

As que não são mães, têm a vida toda para se dedicar à atividade social.

Demais, a mulher, hoje, vive do seu trabalho e até auxilia ao homem na manutenção da prole quando não trabalha ou não se prostitui para sustentá-lo...

Não canto hosanas a essa correria louca da civilização de máquinas, porém, não condeno apenas a atividade brutal da mulher atrás de necessidades perfeitamente dispensáveis, condeno mais ainda o delírio de correr do homem ambicioso, porquanto é ele quem vai arrastando a mulher nesse desvario de competições — para o suicídio coletivo do gênero humano.

Mas, não é essa a tese de G. Marañón.

A mãe deve ser mãe antes de tudo — com isso estou plenamente de acordo. Mas, este outro aforismo sentencioso: a mulher nasceu para mãe e deve ser mãe antes de tudo — aí já há o sofisma social e o dogma literário da inferioridade feminina.

Demais, se com essas "virtudes de urgência" ou de "emergência" de que é dotada a mulher, adquire "repentina aptidão nos transes difíceis para o desempenho de gestões alheias à sua atuação habitual", e, se são essas "as características essenciais de seu sexo", possivelmente, como pensa Marañón, e, se há milhões de mulheres que durante a vida inteira exercem tais "virtudes de emergência" no trabalho forçado de escravas do salário, do labor doméstico e da maternidade inconsciente, — parece, podermos afirmar que tais virtudes de emergência são característicos biológicos da mulher. E claro. A própria adaptação social fácil a trabalhos que parecem incompatíveis com o seu sexo — já é característica biológica.

A mulher abandonou o trabalho rude depois da guerra e voltou para o lar, não apenas por uma razão biológica, como quer Marañón, porém, por uma razão psicológica mais profunda: inconscientemente, intuitivamente, a mulher, que não reivindicou ainda o direito de ser dona do seu próprio corpo, dona de si mesma, considerou, nas criptas do subconsciente, que, continuando no lugar do homem, acrescentaria uma servidão a outra escravidão... O homem voltou fatigado, preguiçoso, achando-se com direito a tudo porque viu os horrores da guerra, desejoso de se fazer ainda mais parasita da mulher...

Seria a exploração do trabalho rude da mulher, unida à exploração torpe do seu corpo, dos seus sonhos, da sua razão, dos seus afetos. Multiplicada a escravidão. E a que pôde, procurou libertar-se da geena de animal de tiro. É a sua tática, sempre que pode...

A LUTA SOCIAL NÃO É MAIS A LUTA FÍSICA

Marañón confunde. Luta social é luta de inteligência e de sentimentos, mais ainda de sentimentos. Que é a luta social, que são as reivindicações sociais se não grandes lutas de sentimentos? Marañón fala de luta social como de trabalho físico. Mas, e toda a burguesia masculina que não trabalha fisicamente?

O esporte, sim: é luta social...

O exemplo do pássaro que vai buscar o alimento para a fêmea que incuba os ovos, é o instinto da conservação da espécie; não quer dizer que seja a adaptação do macho para a luta social e nem que a fêmea fosse capaz de se bastar a si mesma na luta para a sua manutenção ou que uma fêmea não fosse capaz de o fazer para outra fêmea.

Enquanto a mulher primitiva lavrava a terra e fazia cerâmica e preparava as armas e as armadilhas para o homem apanhar as feras, o homem caçava. Haverá o *caráter viril* do trabalho na caça do homem primitivo? Até hoje o homem caça para se divertir e às vezes, apaixonadamente.

Já naquele tempo, lhe era mais agradável caçar do que lavrar a terra e trabalhar nas outras ocupações que relegou para a mulher.

Essa biologia de que tanto falam os cientistas, já é uma biologia feita a propósito, com caráter social, para a defesa dos privilégios masculinos. Não se trata verdadeiramente da biologia.

O homem desrespeita a natureza e, depois, pretende adaptar a biologia aos fatos sociais, quando o contrário é que se deveria verificar.

O que sabemos da pré-história é que homens e mulheres eram livres e independentes nas suas cavernas e só se encontravam, como os animais, no momento da cópula e cada qual buscava a subsistência. No dia em que descobriram o fogo, a mulher se escravizou: guardou-o, enquanto o homem foi à caça... E, daí para cá, o fogo eterno do lar sagrado é a escravidão feminina... é o cárcere de onde dificilmente se escapará.

Foi na idade das cavernas, quando o homem com o arco e a flecha perseguia as feras, que descobriu o fogo e, domesticou primeiro a mulher — para o auxiliar a domesticar aos outros animais...

Depois, o homem inventou uma biologia social... é prova a inferioridade feminina.

A ÂNSIA DE LUXO E GOZO DETERMINARÁ A DESIGUALDADE ECONÔMICA E SOCIAL?

Marañón deixa no ar terrível incógnita:

> *y como la dinámica del sexo jamás podrá modificarla nadie, mientras haya hombres y mujeres existirá la ansia del lujo, y, por tanto, la*

desigualdad existirá; por esta razón, más fuerte que todos los motivos estrictamente económicos. Sexo, trabajo, lujo, desigualdad: estas palabras forman una cárcel, de la que la humanidad no saldrá nunca; y es inútil buscar su sentido en la serenidad de las teorías pura y simplemente de un problema de biología de los instintos.[*]

A mulher desejará sempre se ataviar para conquistar o homem; o homem quererá sempre cumular de bens a mulher amada.

A vaidade do adorno, na mulher; a vaidade de glória e ambição, no homem — têm suas raízes no sexo. Isso é biológico. Seria preciso que homens e mulheres subissem muito alto para sublimar o amor e adorná-lo com valores espiritualizados, quintessenciados de beleza pura. Então, o corpo vibraria como uma harpa eólia e a volúpia da alma faria vibrar a volúpia do corpo. E isso apenas conseguirão os indivíduos de uma alta evolução paralela.

Na massa haverá sempre a luta pelo luxo e pela glória de o obter, pela glória do poder e da riqueza. Existirá, pois, sempre,

---

* "E como a dinâmica do sexo jamais poderá modificá-lo em nada, enquanto houver homens e mulheres existirá a ânsia do luxo e, portanto, a desigualdade; por essa razão, mais forte que todos os motivos estritamente econômicos, sexo, trabalho, luxo, desigualdade: essas palavras formam um cárcere, do qual a humanidade nunca sairá; e é inútil buscar pura e simplesmente na serenidade das teorias o sentido de um problema de biologia dos instintos." [N. do E.]

o desejo de subir, o espírito de autoridade, a ânsia de poder, a ambição dos bens materiais e a vontade de domínio.

É ingênuo supor que há evolução coletiva. E é simples o argumento contrário: em pleno século xx, do rádio e da relatividade, há populações de aborígenes vivendo na idade da pedra lascada, na idade da pedra polida, há tribos de antropófagos, há fetichismo entre negros da África e indígenas americanos, há todas as etapas da pré-história da civilização.

Quantos milênios levarão os índios de Mato Grosso, já não digo os das florestas da Amazônia, para chegar ao rádio e à relatividade, a Mme. Curie e a Einstein?

Demais, a que alturas chegou o gênio grego para divinizar a forma pura do corpo humano?

Veio a Idade Média e decretou que o corpo humano é abjecto e que é pecado a própria higiene. O caboclo brasileiro vive em plena Idade Média...

Quantos milênios levará a nossa civilização cristã, piedosa e caridosa a voltar de novo a divinizar a beleza pura do corpo humano sem os adornos do luxo, das joias e dos trapos?

E já há, mesmo em países católicos, grandes colônias de nudismo.

E nem é a robustez física que assegura a fortuna, o poder, o dinheiro, entre os civilizados. É a astúcia, é a inteligência, é o privilégio social. Os operários são fortes, os burgueses são incapazes fisicamente: o mundo é construído pelo proletariado, que conserva as mãos vazias e o burguês é o que manda e goza do trabalho alheio.

Marañón se apoia no equívoco da luta social baseada no esforço físico. Se fosse coerente, teria de entregar as sociedades à robustez física do proletariado. Mas, a luta social não é o trabalho manual. É justamente o contrário que caracteriza a civilização do progresso material: são os parasitas os donos da humanidade escravizada.

A mulher burguesa não está excluída da luta social...

Acha Marañón que há uma barreira intransponível entre a atividade individual e social do homem e da mulher; e, acrescenta: se olvidamos tal obstáculo, o problema tornar-se-á verdadeiramente confuso.

NA CIVILIZAÇÃO MODERNA, LUTA SOCIAL NÃO É TRABALHO MANUAL

E a razão não é a organização fisiológica.

Marañón confunde sempre luta social com trabalho manual. Atividade social, para mim, é luta de ideias, organização social, agitação intelectual e não esforço físico.

E as mulheres revolucionárias têm provado de sobra a sua capacidade para a luta social.

Não há dúvida que, fisiologicamente, homens e mulheres são diferentes, são desiguais, completam-se.

Mas, se olharmos também o desenvolvimento dos esportes femininos nestes últimos tempos, nos convencemos de que, daqui a pouco, desgraçadamente, as mulheres poderão ocupar as trincheiras de guerra, fazer barricadas, conduzir canhões, saquear, assaltar, ocupar fortes e atacar a baionetas... caladas.

Assim, nem sempre tem razão Bernard Shaw quando define magnificamente a mulher: "um ser de diferente espécie biológica, com encantos específicos e imbecilidades também específicas"...

Maternidade e trabalho físico são incompatíveis. Não há dúvida. Lembra Marañón que a fêmea mãe não trabalha em nenhuma espécie zoológica. Isso não desdoura a mulher: sempre que uma mãe trabalha é porque um homem a obriga a trabalhar... embora a sua maternidade. Há tanta cousa que o homem faz e os animais não fizeram...

Por exemplo: o leão caça para a fêmea e os cachorrinhos. E só come os restos da sua presa, depois que todos se saciaram. Ao lado, orgulhoso, assiste à refeição da família.

Entre os homens, há tribos cujas refeições são descritas pelos etnólogos em duas palavras. Enquanto os homens comem, as mulheres submissas esperam à distância. Quando encontram eles um osso, qualquer cousa desagradável, atiram para trás e as mulheres, como cães, seguram nos dentes as sobras das refeições masculinas. Isso, entre os selvagens.

Entre os civilizados, posso citar cousa mais ou menos idêntica, se não mais grave. Não cito nomes porque trata-se de pessoas da minha família e é preciso sempre respeitar a família...

Um moço, vinte e cinco a trinta anos, morfinomaníaco, gastava todo o seu ordenado de funcionário público com a morfina — cousa cara para um ordenado pequeno. Morfina é vício da gente elegante ou das famílias de médicos...

Esse moço era filho de médico.

O que lhe sobrava, comprava em gulodices, doces finos, queijos, *bonbons*, pastelarias.

A mulher e quatro filhos pequeninos, famintos, alimentavam-se com o ordenado da mãe, professora adjunta que ganhava apenas uns noventa mil-réis mensais, deixando os pequeninos em casa com uma criada que os maltratava porque lhe pagavam uma miséria ou mesmo nem pagavam... Viam entrar em casa o pai de família carregado de pequeninos embrulhinhos que fechava no escritório trazendo sempre a chave no bolso...

Os filhos sabiam que eram doces e biscoutos.

Só anos depois, morreu esse moço. Não se venha dizer que era a morfina. Convivi com ele na intimidade, nunca perdeu o controle da razão. Era um homem normal, bom, afável, e que se dava ao luxo da morfina. Perdoem-me a divagação quase noutra seara.

Cada família tem um caso, no gênero, para narrar.

Quando Anita Garibaldi montava a cavalo, atravessando o incêndio ou as balas, com o filho ao colo, pequenino, para salvar o companheiro, era a mulher, ardente, impetuosa, heroica, destemida na luta social. À mãe estava reservado o plano secundário. Anita Garibaldi e o arrojo revolucionário, a mulher guerreira. A maternidade foi um acidente na sua vida... Tê-la-ia evitado, fosse consciente e estivesse preparada para dominar o seu destino natural de mulher mãe. Os filhos lhe foram impostos. E ela saltou por sobre a maternidade, com o risco de os esmagar, para seguir o destino que o seu temperamento lhe impunha.

É bela, é nobre, é digna — porque foi, ela mesma, sem constrangimentos, sem pudor hipócrita, sem nenhuma dúvida, procurando realizar-se integralmente a si mesma.

E foi bem mulher: levou o seu amor até onde pode vibrar toda a fibra mais sensível da sensibilidade feminina, no paroxismo do amor.

A questão não é dogmatizar que a mulher, antes de tudo, é mãe e deve ser mãe acima de tudo. Não. Todo indivíduo, homem ou mulher, deve realizar-se, na plenitude das suas forças.

Ser mãe na accepção fisiológica, é muito pouco para a mulher. Nem sempre lhe basta a maternidade física. E é muito mais transcendente a maternidade da alma. E assim, também há homens que são mães...

Sim, tem razão Marañón: *"tener todos los derechos del hombre, tener abiertos todos los caminos intelectuales y sociales: eso sí; pero, ante todo, ser mujeres, cada vez más mujeres"* [ter todos os direitos do homem, ter abertos todos os caminhos intelectuais e sociais: isso sim; mas, antes de tudo, ser mulheres, cada vez mais mulheres]. Mas, ser cada vez mais mulheres, não é ser mãe, cada vez mais mãe, no sentido fisiológico. Essa é a deplorável confusão.

Logo adiante, restringe o seu pensamento:

"Hay mujeres que se creen deprimidas por la afirmación de que deben ser madres primero, y luego todo lo demás, y renunciar, si es preciso, a todo lo demás para ser madres" [Há mulheres que se creem deprimidas pela afirmação de que devem primeiro ser mães, e depois todo o resto, e renunciar, se preciso, a todo o resto para serem mães]. E cita Gina Lombroso cheio de admiração e entusiasmo.

E subscreve a sua afirmação: a ambição da mulher de ser amada é também a ambição de ser mãe.

Não é exato. Não se dogmatize para os indivíduos. Se eu tive intensos desejos de ser mãe, conheço mulheres mães, em número considerável que nunca o desejaram. Apontar para a mulher um único caminho — a maternidade — é autoritarismo masculino erigido em dogma repetido servilmente pela mulher, por pudor... Eu sou mulher na mais ampla accepção da palavra, sou por natureza, por instinto, e estou no caso de uma evolução que conquistou "o maior tesouro de sexualidade específica".

O MAIOR TESOURO DE SEXUALIDADE ESPECÍFICA ESTÁ CONTIDO NA AUSTERIDADE

Esse tesouro, que Marañón denomina austeridade, não é o ascetismo ou a virtude moraliteísta: é maior força de expressão da sexualidade desbordante e que conserva aquela castidade original do pudor de só se dar conscientemente, por amor, a quem estiver à altura de receber.

> *Insistamos en el hecho paradójico de que, en general, la austeridad, virtud que supone precisamente un mayor ímpetu, una mayor fortaleza; de la misma suerte que casi todos los vicios y desafueros de la conducta, aparentemente resultado de una vitalidad desbordada, indican, en realidad, un caudal mezquino de energía. Y esto es especialmente aplicable al amor. El varón o la mujer austeros en su vida sexual, son los que poseen el mayor tesoro de sexualidad específica; como el Don Juan o su equivalente la cortesana, obran movidos por un instinto aparatoso, pero poco profundo.**

* "Insistamos no fato paradoxal de que, em geral, a austeridade, virtude que supõe precisamente um maior ímpeto, uma maior fortaleza; do mesmo modo como quase todos os vícios e desvios de conduta, aparentemente resultantes de uma vitalidade transbordante, indica, na verdade, uma torrente mesquinha de energia. E isso se aplica especialmente ao amor. O homem ou a mulher austeros em sua vida sexual são os que possuem o maior tesouro de sexualidade específica;

Esta página de Marañón, só por si, daria margem para toda uma obra profunda de psicologia sexual e amorosa.

O trecho que vou citar é uma tese para ser meditada:

Para mi es evidente que, contra todas las aparencias, el hombre que dedica su vida al amor y hace de él una ténica especializada; el hombre conquistador y mujeriego, que alcanza su expresión culminante en Don Juan, lejos de ser el prototipo de la virilidad, representa una forma de sexualidad aquívoca y ambigua. Los antecedentes fisiológicos sobre los caracteres sexuales, que antes hemos expuesto, justifican a priori *ese juicio, que se confirma en la práctica; y esto sí quiero repetirlo: los donjuanes que andan por el mundo son, en efecto, hombres de psicología, y a vezes de morfología, netamente alejadas del tipo viril estricto, incapaces para una actuación social fecunda, y no raras veces bordeando la zona seminormal en que los dos sexos se confundem.**

e o Don Juan ou sua equivalente, a cortesã, agem movidos por um instinto pomposo mas pouco profundo." [N. do E.]

* "Para mim é evidente que, contrariamente às aparências, o homem que dedica sua vida ao amor e faz disso uma técnica especializada; o homem conquistador e mulherengo, que alcança sua expressão culminante em Don Juan, longe de ser o protótipo da virilidade, representa uma forma de sexualidade equívoca e ambígua. Os antecedentes fisiológicos das características sexuais que já expusemos justificam a priori esse juízo, que é confirmado na prática; e quero

É preciso apenas dar a exata interpretação às expressões empregadas por Marañón.

O Don Juan é o insatisfeito. Não realizou nunca, integralmente, o amor.

E os indivíduos raríssimos, excepcionalíssimos que o realizam na plenitude integral da sua força física, afetiva e mental — não mais suportam facilmente outros contactos e estão mutilados para a vida inteira, se deixam escapar ou se perdem o companheiro da sua felicidade única. São em número insignificante os que passaram por esse momento de vida integral e esses sabem quanto é dolorosa a mutilação, se se veem sem o complemento da sua vida.

É interessante como Marañón desce às cousas mais profundas com a mesma facilidade com que se contradiz em vulgaridades tão vulgares...

Nunca fui mãe. Não foi preciso ser mãe, para eu ser mulher. E a ambição de ser amada, não é a ambição de ser mãe. Não é a condição primordial da mulher a maternidade fisiológica. A maternidade espiritual, sim.

repetir: os don juans que andam pelo mundo são, com efeito, homens psicológica, e às vezes morfologicamente, nitidamente distantes do tipo viril estrito, incapazes de uma atuação social fecunda, e não raramente beirando a zona seminormal em que os dois sexos se confundem." [N. do E.]

Quando falta à mulher o coração transbordante como uma *crèche* imensa para conter toda a dor humana — aí sim, a mulher falhou ao seu destino, é anormal: eis a mulher civilizada, mãe de seus filhos e madrasta de todo o gênero humano. Caridosa, piedosa e exploradora da sua irmã. Seu lar é a cidadela fechada pelo egoísmo e pelo dinheiro. Não vê a dor do mundo e a angústia humana.

E chora diante das telas do cinematógrafo...

E está convencida de que só a mãe é que chegou a ser mulher. E pontifica, como Gina Lombroso, a superioridade materna. E deixa a tirania estrangular a Itália inteira, sem um protesto de revolta. É mãe. É apenas mãe. É mãe antes de tudo...

E Marañón também se deixa arrastar por esse conceito estreito da maternidade fisiológica.

Quando sairemos do domínio da literatura?...

Não troco os meus sentimentos maternos por toda a maternidade fisiológica de todas as mães do mundo inteiro.

O Amor, o verdadeiro Amor na accepção vasta da palavra, está bem acima da maternidade da carne. A mulher tem de ser Amor, como também o homem. Esse hinário clássico ao amor materno, à maternidade da carne, à defesa do lar, à fragilidade feminina como o sacrário de energias para a continuação da espécie — todo esse cantochão da literatura romântica e do pensamento de rebanho tem como objetivo único o prazer imediato do homem e a cultura sistemática daquelas imbecilidades específicas femininas de que fala Bernard Shaw...

BIOLOGIA E DINHEIRO

É interessante como a nossa linguagem, como a lógica de sofismas dos homens chega a torcer as verdades: Marañón, citando Keyserling defendendo o casamento de conveniência, vê que "o dinheiro tem uma significação biológica de primeira categoria". Emprega o conceito de *dinheiro* como equivalente ao de *trabalho*, biologicamente, pois, em sentido biológico, dinheiro equivale a força, bem-estar, facilidade para o aumento da prole", etc. etc. Questão de instintos, diz ele.

Marañón sustenta uma tese biológica oportunista: isto é, uma biologia para a sociedade industrial e capitalista, uma biologia de adaptação ao ambiente social, uma biologia deslocada do seu eixo...

Isso é científico?

É a biologia da prostituição...

Assim, também o caftismo dentro ou fora dos casamentos de conveniência é fato biológico.

Com tais sofismas os cientistas têm a palavra para defender todas as vilanias e as mais torpes baixezas das organizações sociais de hienas e abutres da consciência humana. A biologia não pode adaptar-se à vida moderna, à vida social. As sociedades é que desrespeitam as leis biológicas e buscam sofismas para desculpar os seus desatinos.

Como se usa e abusa da biologia. Nesse andar, também o parasitismo tem significação biológica de ótima categoria. E, se tudo se explica pela biologia social, não admira que Nietzsche criasse o "superelefante" do dominismo, da autoridade a andar armada de chicote para cortar as carnes do rebanho humano.

Hoje, a ciência tem sempre a palavra para explicar toda a imbecilidade e todo o parasitismo da organização social de caftens e proxenetas do grande mercado da civilização.

O livro de Marañón, por vezes, perde o ponto de apoio e oscila, sem base, assentado em palavras respeitáveis como "biologia" ou "instintos".

A questão não se pode resumir em adaptar a biologia à civilização do bezerro de ouro: o problema está no desmoronamento e na ruína desta organização social de caftens e vampiros do sentimento e da consciência. No torvelinho da vida citadina é horrível a luta social da mulher. E o seu físico se ressente dessa correria louca e a prostituição, a prostituição sob todas as formas, a prostituição da gente honesta e dos bons costumes abre-lhe as portas da sociedade no casamento de conveniência como nas inúmeras concessões de cada instante, nos gestos, na atitude, nas expressões, na vida íntima como na vida, no trabalho, no estudo, absolutamente em cada passo dado no ambiente social.

Ou essa prostituição legal da família honesta e dos bons costumes, ou a prostituição das rótulas e das calçadas para matar a fome e cobrir a nudez, ou a prostituição da alta elegância mundana, a prostituição das "virtuosíssimas" senhoras que elegem os embaixadores e os acadêmicos e organizam as altas negociatas das guerras e das bolsas, do câmbio e das relações internacionais.

Daí o desequilíbrio e a tragédia em que se debate a mulher superior, sozinha, heroica, lutando contra a corrente, suicidando-se todos os dias no trabalho absorvente, para não resvalar nas inúmeras armadilhas, de tocaia em cada canto, destinadas a domesticá-la para prostituí-la no imenso salão do bordel social. A tragédia das precursoras!

Que força heroica de resistência!

Não se quer que a mulher venha para o labutar louco da civilização, fazer concorrência ao homem; é o homem, foi a própria civilização que arrastou a mulher à dança macabra da correria louca do mundo econômico.

A LUTA DOS SEXOS

As mulheres combatem pelos seus direitos, pelas conquistas de seu sexo, por uma cultura mais sólida e mais humana.

Se não houver do lado dos homens a mesma cruzada para as conquistas da sua virilidade espiritual, assim como a mulher trabalha para a sua feminilidade mental e espiritual — as lutas entre os sexos se intensificarão de modo cada vez mais assustador.

Já as mulheres superiores esbarram a cada passo com as angústias de serem precursoras, sem lograr encontrar, (entre os latinos pelo menos), com a mesma facilidade com que elas se emancipam, o tipo masculino do homem avanguardista que deixou atrás de si o lastro milenar dos preconceitos sociais.

Geralmente o homem inteligente, para conquistar uma mulher superior, por um natural mimetismo amoroso, solidariza-se com os seus sonhos e as suas ideias de liberdade. Depois, volta a ser o mesmo homem vulgar, vestido de todos os prejuízos do sexo, considerando sempre inferior o gesto da mulher que se dá nobremente.

Raríssimo o tipo masculino que sente a elevação da mulher livre, que se não vende e nem se escraviza ao matrimônio, porém, que se entrega generosamente ao homem a quem ama.

A regra geral é procurar deprimir, ridicularizar, caluniar a mulher que sabe pensar em voz alta e que tem a coragem das suas ideias.

Supõe geralmente que o fato de se emancipar de prejuízos e convenções e o fato de proclamar os seus sonhos de emancipação humana — significam o desejo ou a busca imediata do gozo pessoal ou uma corrida, através da imprensa e da tribuna, atrás da satisfação dos instintos vorazes.

Julgam os outros, por si...

Falta de observação psicológica.

Lembro-me que, no Rio de Janeiro, após uma conferência muito aplaudida em torno da liberdade sexual da mulher, ainda no meio dos cumprimentos, ouvi uma mulher médica, o olhar assombrado, perguntar a outra pessoa, entre confusa e admirada: "— Mas, dizem que essa senhora é tão honesta!?"... E, que é ser honesta?...

Daí, ser necessário não apenas uma corrente feminista para defender os direitos da mulher, e sim — uma grande corrente de idealismo para pugnar pela cultura e elevação dos indivíduos de ambos os sexos na sua respectiva diferenciação, sem o quê — impossível a harmonia a dois.

Não a luta dos sexos e sim a solidariedade mútua para a compreensão mútua.

O NEOMALTHUSIANISMO NA NATUREZA

Na estatística de Marañón, página 51 da quarta edição (Editorial Claridad), parece-me que a soma do total de filhos é 8289 e não 7389. Mas, de qualquer modo é aterrador. E o leva à seguinte conclusão:

> *El malthusianismo más exagerado no ha logrado, en el país que se considere más inmoral, ni acercarse remotamente a los estragos que producen en nosotros la miseria y la ignorancia. Ya desde hace tres años, a pesar de todo, la mortalidad global de España* (18 147) *ha superado a la natalidad* (16 309). *Y se hace cada vez más indudable esta terrible paradoja:* si las mujeres españolas parieran la mitad de hijos que en la actualidad, en cien años se duplicaría la población de España. *Y seguramente no será el nuestro el único país al que esta gran verdad pueda aplicársele.*[*]

[*] "O malthusianismo mais exagerado não conseguiu, no país que se considere mais imoral, nem remotamente aproximar-se dos estragos que produzem em nós a miséria e a ignorância. Já há três anos, no entanto, a mortalidade global na Espanha (18 147) supera a natalidade (16 309). E se torna cada vez mais indubitável este terrível paradoxo: *se as mulheres espanholas parissem metade dos filhos que geram na atualidade, em cem anos a população da Espanha duplicaria.* E seguramente nosso país não será o único a que essa grande verdade se aplicaria." [N. do E.]

Mas, a superstição cristã de que *ir contra a natureza* é pecado, é a causa dessa tremenda hecatombe.

Entretanto, a natureza sacrifica de 200 a 600 milhões de espermatozoides para salvar um só, o que fecunda o óvulo feminino.

Se é a própria natureza que nos dá o exemplo! E não há a mais insignificante diferença entre os que morrem em cada emissão de esperma do homem e o único que sobrevive.

A natureza nos ensina ainda mais, dá-nos o exemplo frisante da fecundidade consciente e limitada: as abelhas, que alimentam a abelha-mãe, só lhe dão o alimento suficiente, sabiamente calculado para que o número de filhos seja o necessário, o que possa suportar a colmeia, não ultrapassando nunca as possibilidades de coletividade, quanto ao espaço ocupado e à alimentação para todo o enxame. Assim as formigas e as térmitas.

O ESPORTE E O SEXO

Tem razão Marañón. O esporte foi feito pela gente ociosa, para substituir o trabalho, considerado indigno pelas classes parasitárias.

É o "patrimônio dos inferiores, que fazem esporte para que a natureza lhes perdoe o pecado mortal de não trabalhar".

O esporte é estéril, observa Marañón. É mais: é fonte de riqueza e glória de arquibancadas e picadeiros.

A inatividade física é fonte de degenerescência. Assim, os parasitas inventaram o esporte.

O caráter sexual dos esportes é evidente. *"Si de las fiestas esportistas se suprimiese ese público femenino, es indudable que desertarían la mayor parte de sus actores"* [Se das festas esportivas se suprimisse esse público feminino, é indubitável que a maior parte de seus atores desertaria].

As mulheres que correm para a arena a ver os jogos, a torcer nas olimpíadas, no *football* ou nas corridas, pagam o esforço varonil com o amor, *"y, en suma, es el trasunto de la hembra del ciervo, que espera que riñan los machos para ser poseída por el más fuerte"* [e, em suma, é a sina da fêmea do cervo, que espera que os machos lutem entre si para ser possuída pelo mais forte].

Nada mais, nada menos...

A MULHER INTELECTUAL E O AMOR

Marañón não focalizou o problema da mulher intelectual como soube focalizar o conceito clássico da maternidade.

O fato de George Sand ter tido muitos amantes não quer mesmo dizer vida passional rica.

George Sand, Isadora Duncan, a Duse — todas infelizes, justamente procurando o amor e se desiludindo, incapazes de compreender, diante do máximo problema da tragédia de ser dois... Talvez a Duse tivesse amado. As outras não encontraram o amor.

Duas grandes raças sociais — homens e mulheres — buscam-se e não se encontram, justamente porque a luta dos sexos chegou a fazer de ambos duas espécies, duas raças sociais com caracteres específicos e... "imbecilidades também específicas"... Nenhum dos dois chegou a compreender que cada qual deve aceitar o companheiro tal como é, com as suas qualidades "específicas" e os seus defeitos "específicos".

O homem tem receio da mulher superior, mas, a deseja apaixonadamente.

Uma castidade da consciência a afasta das experiências vulgares. Às vezes, erra, quase sempre, na escolha do que lhe parece superior.

Mas, encontra de novo o caminho, que é retroceder... Seria imperdoável permanecer no erro, e, seria inútil insistir: é-lhe repugnante.

Em todas as classes sociais, o homem (permitam-me a expressão grosseira mas, única:) "fareja" na mulher superior uma presa original.

E nenhum deles, desde o operário mais bronco até o intelectual mais fino, nenhum compreende o direito de escolha a que deve ter direito uma mulher emancipada. Postam-se à nossa frente, quase gritando que ali estão para serem os "escolhidos"... Que preciosidade são as exceções!...

Há tanta mulher "generosa", que uma mulher excepcional, por qualquer característica específica, pode bem se abster de o ser com os homens comuns — que são, sob todos os rótulos, os que se atravessam no nosso caminho.

Compreendo, entretanto, que George Sand se tenha dado a Chopin, a Bakúnin, a Flaubert... Mas, infelizmente, os Bakúnin, os Flaubert e os Chopin, são únicos... e nem sempre se encontram no mesmo século e ao nosso alcance... E os artistas, e os homens célebres — é melhor conhecê-los só pelas suas obras de arte ou de pensamento...

Amo profundamente a Wagner, a Han Ryner, a Romain Rolland, a Beethoven, a Einstein.

Mas, o homem mais culto e mais sábio dessa ciência a que dão o nome de sabedoria e o mais grosseiro camponês ou caboclo — são perfeitamente iguais em relação à mulher.

A cultura, a ciência, a intelectualidade pura sem essa alta espiritualidade que vem do coração — não bastam, não satisfazem às aspirações da mulher superior.

Não é verdade, pois, que a atitude do homem é diferente ante a mulher de teatro ou a mulher fútil.

Todas as mulheres intelectuais encontram em seu caminho muito amor, muito entusiasmo, muita admiração dos homens, e, por mais simples ou mais modestas, podem exacerbar muito desejo.

E deviam dizer dessas cousas — como subsídio psicológico de umas páginas femininas a mais no grande livro da vida.

Não é verdade que as mulheres intelectuais tiveram sempre uma vida passional pobre. Pelo contrário.

E as que subiram muito alto e tiraram das cousas a lição correspondente, procuraram conservar a liberdade por amor ao amor...

E prezar imenso a castidade ou a austeridade sexual — porque se deveriam envergonhar da preocupação absorvente do sexo nas experiências vulgares das criaturas comuns, que pensam encontrar no contacto sexual apenas — a suprema felicidade e que borboleteiam inutilmente atrás do impossível. Porque — amor não é contacto de epidermes...

Tem razão Marañón, quando discute a tese de que esses "corredores" de mulheres, esses Don Juan da variedade são indivíduos de sexualidade ambígua, equívoca, em vez de protótipo da virilidade...

Para mim, o amor completo, integral, tem de realizar a afinidade mental, espiritual, sentimental afetiva e sexual. Mas, cada um com as suas características de sexo, as suas qualidades específicas, sem que um tente modelar ao outro pelo seu temperamento ou pelos seus atributos pessoais e pela sua individualidade.

Cada qual, sendo o que é, verdadeiramente, e com coragem heroica de se apresentar tal qual é.

Demais, queremos o impossível, queremos a felicidade a dois. A felicidade não existe a dois: só há momentos de felicidade, instantes de harmonia a dois.

E é o suficiente para alcançarmos o paraíso. Compreendendo isso, sentindo-o, conseguimos realizar o milagre do Amor.

"LA EDUCACIÓN SEXUAL Y LA DIFERENCIACIÓN SEXUAL"

Neste estudo, G. Marañón analisa as razões por que o instinto da reprodução se converte em fontes intermináveis de desditas para o gênero humano civilizado. Marañón sustenta a tese de que cada um de nós, quase todos ou *a imensa maioria* leva dentro de si o duende do outro sexo. Ou melhor: cada mulher tem uma percentagem de homem. Cada homem tem uma percentagem de mulher. É inútil um sexo fugir do outro. Inútil o ascetismo, a cela ou a castidade absoluta. O demônio... está dentro de cada ser. A figura é antiga. A tese, vem de longe: mito do andrógino, Platão, Aristófanes...

Quase nenhum homem é homem em absoluto, quase nenhuma mulher é mulher em absoluto. Os seres são bissexuados. Há predomínio de um sexo sobre o outro. Um prevalece, domina. O outro fica em estado latente. A tese afirma que o que está adormecido só espera ocasião propícia para assumir o poder e procurar fazer adormecer o que o tiraniza...

Essa bissexualidade é a explicação científica de muitos complexos fisiológicos e psicológicos do instinto da multiplicação da espécie e a origem do terceiro sexo. Nada de imoral. Segredos da natura. Agora, socialmente, o que é natural pode transformar-se em vício ou monstruosidade. Ou pode produzir sugestões. E indivíduos normais procuram parecer anormais — a fim de completar a educação (!)... passando por todos os vícios. O hermafroditismo, a bissexualidade é comum nas plantas e em muitos animais das últimas escalas zoológicas. As perversões humanas, nos indivíduos verdadeiramente anormais — são lembranças das perversões animais. Perversões?... Estágios de evolução das espécies.

As chamadas perversões sexuais humanas, segundo a observação dos cientistas, vão diminuindo, apesar da civilização... embora pareça o contrário.

A terapêutica dos extratos de órgãos, preconizada por alguns cientistas, a enxertia à Voronoff, preconizada por Marañón nos casos extremos de homossexualidade — para a diferenciação sexual — me não parece o caminho indicado.

Todo o objetivo da educação deve ser essa *diferenciação sexual* ou o predomínio cada vez mais acentuado de cada sexo. Repito: diferenciação fisiológica, aproximação psicológica. Não é essa a tese de Marañón, que, aliás, é mais equitativo e vai além de Weininger, tão arbitrário e injusto a ponto de achar que, se a mulher chega a ser digna de estima é pela intensidade dos germens varonis que guarda. E o que impede o homem de elevar-se à perfeição são os elementos de mulher que leva escondidos...

Teoria que voltou a ser moda e enche as páginas dos ultramodernos. Volta à baila o banquete de Platão...

Tem razão Marañón: o grande erro, não digo da moral, como Marañón, mas, do Cristianismo — é prevenir a mulher contra o homem e o homem contra a mulher, quando, na luta dos sexos, o inimigo está em nós.

Quer a educação *muito viril* para o homem, *muito feminina* para a mulher. Já é fugir do eixo do problema no exagero literário.

A mulher deve ser bem mulher. Vou mais longe: quero-a integrada no matriarcado espiritual, na maternidade espiritual, divinamente humana — além da carne e do sangue. Mas, razão e sentimento. O homem bem homem é o ser consciente e humano e sensível e forte, estoico e simples, bastando-se a si mesmo na luta heroica pela subsistência — *pelo trabalho manual* para não ser parasita e pensando pelo próprio cérebro culto e clarividente. Razão e sentimento. Não o esportista de músculos rijos, o fascista com o punhal entre os dentes, na mão a carabina e no cérebro a ideia paranoica do dominismo ou da tirania dos punhos firmes. Se se trata só da diferenciação orgânica o erro pode chegar ao extremo do troglodita feroz... Não. Diferenciação sexual e aproximação psicológica ou espiritual — essa seria a fórmula feliz.

Agora, circunscrever o problema, que é profundamente psicológico, à censura à mulher, pelo fato de cortar os cabelos (como faz Marañón) é diminuir a importância transcendental do problema, desviá-lo para o lado superficial. A alma da mulher, nem mesmo a característica da sexualidade específica se condensa e toma forma nos seus cabelos longos ou curtos... Isso é infantil.

Acho que todos nós devido talvez ao complexo religioso e de ordem social: preconceitos, costumes, superstições religiosas e sociais, *totem*, *tabu*, todos nós — preceptores, pais, moralistas, cientistas — fazemos da iniciação sexual um bicho de sete cabeças. Marañón não foge à regra, como se a revelação sexual não fosse cousa natural e espontânea como qualquer função fisiológica. Misturamos ciência e literatura. A nossa imaginação de latinos carrega as cores de problemas tão naturais. E complicamos e afastamos o problema em vez de buscar a solução natural e lógica no caso da educação sexual. Só estudamos as dificuldades e com cores negras.

Marañón conta o caso citado em Pérez de Ayala na sua novela, como um padre foi encarregado de revelar o segredo do sexo ao protagonista Urbano, conservado pelos cuidados de sua mãe em estado de virgindade absoluta do corpo e do espírito.

Olhem os leitores o veneno literário e o vírus do Cristianismo como se revolvem para perturbar a observação fria do fato científico... Mas voltemos: o momento da revelação se caracterizou por um grito agudo do jovem, um grito de dano físico "como o que lançaria uma virgem ao ser deflorada de improviso".

Marañón comenta: "Esse admirável símbolo nos faz pensar no dia semelhante ao da perda de uma inocência".

Ah! esses novelistas... Ah! esses cientistas literatos... Não fora a teimosia literária e moraliteísta e a vida se desdobraria serena aos nossos olhos de crianças curiosas e intuitivas, espontânea e natural, e aos poucos nós nos revelaríamos a nós mesmos, sem auxílio de ninguém ou apesar da educação...

AS FORMAS INTERMEDIÁRIAS DOS SEXOS

Marañón acredita que, nas mulheres chamadas superiores, que "saltam ao campo da atividade do homem" — agitadoras, pensadoras, artistas, inventoras, *"en todas las que han dejado un nombre ilustre en la Historia se pueden descubrir los rastros del sexo masculino, adormecido en las mujeres normales, y que en ellas se alza con anormal pujanza"* [em todas as que deixaram um nome ilustre na História podem-se descobrir os rastros do sexo masculino, adormecido nas mulheres normais, e que nelas se alça com uma pujança anormal].

El problema está ahora en saber si estas formas de sexualidad intermedia son formas superiores de la feminilidad o, por el contrario, estratos retrasados, apesar de su aparente eficacia; formas todavía necesitadas de perfección. Yo creo esto último; es decir, que las formas intermedias de los sexos no representan una utilidad superior para la especie ni tampoco para el individuo, y que el progreso de la Humanidad irá eliminándolas de la vida de los sexos. *

Com este trecho — Marañón destrói todos os outros argumentos seus em favor dos direitos da mulher, quaisquer que sejam. É natural e lógico que permaneça ao lado de Gina Lombroso, pelos séculos dos séculos de todas as reações, contra a mulher...

Marañón vai e volta, sem ter encontrado ainda o caminho. Um dia se definirá melhor. Mesmo nesse livro seu, o primeiro capítulo está quase em antagonismo com os seguintes.

Não me admira que Keyserling se tenha entusiasmado pela sua obra... incondicionalmente.

---

* "O problema agora é saber se essas formas de sexualidade intermediária são formas superiores da feminilidade ou, ao contrário, níveis anteriores, apesar de sua aparente eficácia; formas no entanto carentes de perfeição. É isso o que creio, quero dizer, que as formas intermediárias dos sexos não representam uma utilidade superior para a espécie nem tampouco para o indivíduo, e o progresso da Humanidade as irá eliminando da vida dos sexos." [N. do E.]

Se há rastos do sexo masculino adormecidos nas mulheres normais, deve haver rastos do sexo feminino, adormecidos nos homens normais. Isso não dará margem a que pensemos que a grande evolução humana exige virilidade e feminilidade, mente e sensibilidade, energia e delicadeza, força e brandura, ação e pensamento, tudo alternado para a harmonia perfeita dentro de um mesmo ser?

Para mim, a evolução mais alta exige todas as características mentais e afetivas específicas de cada sexo, dentro da diferenciação biológica sexual, que é o que faz com que os dois sexos se completem e se harmonizem.

Um homem pode ser de uma sensibilidade de artista, de delicadeza, de bondade inexcedíveis — essa sensibilidade, essa delicadeza, essa bondade se manifestarão sempre sob a característica do sexo masculino, são diferentes da sensibilidade, da delicadeza, da bondade feminina.

Uma mulher pode ser alta inteligência servida por uma cultura extraordinária, pode ser energia, força, tenacidade máscula (aproveitando-me da chapa...) entretanto, essa inteligência, essa cultura, essa energia, essa força, essa tenacidade serão bem femininas, sempre diversas das mesmas manifestações masculinas. É que a observação as vê confusamente, sem penetrar bem no fundo das características psicológicas dos indivíduos analisados superficialmente.

E, enquanto não houver essa alta evolução individual paralela — homens e mulheres serão duas raças sociais que se querem e se digladiam, sem nunca atingir à mais restrita, à mais rudimentar compreensão mútua, por incapacidade alternativa, pela ignorância absoluta das necessidades específicas do companheiro ou da companheira.

Se alguns cientistas ou quiçá toda a ciência oficial se acha de acordo dizendo que a mulher é um ser incompleto, cujo desenvolvimento parou, estacionou no tipo feminino, e, se esse tipo feminino chega a apresentar características opostas à sua sexualidade, saltando no campo da atividade masculina, a mim me parece lógico que essas formas chamadas "anormais" buscam mais de perto a perfeição e não como quer Marañón, afirmando que são inúteis à humanidade e tendem a desaparecer.

"As formas intermediárias dos sexos não representam uma utilidade superior para a espécie nem tampouco para o indivíduo, e o progresso da Humanidade as irá eliminando da vida dos sexos."

Esse argumento *a priori*, sem nenhuma base científica, equivale a este outro: "o papel de mulher é na família e não na sociedade, na propagação da espécie e não na evolução da sua mentalidade".

Homem e mulher vivem em família e na sociedade. A sociedade não é de homens e nem pode haver família só com a mulher. Tem razão Tito Lívio de Castro (A *mulher e a sociogenia*): "A sociedade é uma determinação da evolução mental e não da evolução testicular; a família é uma determinação da evolução mental e não da evolução ovárica".

E mais: "Se a educação da mulher é inútil porque ela é 'procriadora', onde está o motivo que, justifica a educação do homem? Não é científico pretender-se que a um sexo mais do que o outro compete a propagação de uma espécie que se reproduz por anfigonia".

O argumento de que a *excessiva* cultura mental prejudica a fecundidade é mais um pretexto para empurrar a mulher para o lar sagrado, isto é, para a ignorância e a escravidão. Isso é questão excepcional, individual e longe estamos, infelizmente, de realizar tal problema. As Clémence Royer e as Curie, me parece, não trouxeram prejuízo à Humanidade. E, se o progresso humano tende a suprimir as Curie e as Clémence Royer, que espécie de progresso será esse?...

Se temos em nós toda a característica do sexo oposto, se o sexo contrário dorme em nós, nesse caso, biologicamente, a mulher não tem somente as tais virtudes de emergência e sim, tem as possibilidades de evolução física e mental a que o homem pode atingir — tudo dependendo de exercício e educação — como o homem tem todas as possibilidades femininas em estado latente — sensibilidade mais delicada, intuição mais viva, etc. etc.

A evolução tende a dar a ambos — mais potente virilidade de vontade e mais bela harmonia de sentimentos.

Só assim chegarão a se compreender mutuamente.

A DIFERENCIAÇÃO DOS SEXOS

Se há "a existência soterrada de germens heterossexuais" se se aceita "a hipótese da bissexualidade inicial de organismos e da sua permanência em estado latente, durante o resto da vida" (Marañón), — não são virtudes de emergência as que a mulher põe em ação rapidamente em casos urgentes, e sim, características biológicas do próprio sexo.

Esse fato não vai contra a biologia: confirma-a.

A bissexualidade supõe um estado transitório na evolução das espécies vivas — quando se trata da bissexualidade no terreno fisiológico. Mas, no campo mental ou espiritual de virilidade ou feminilidade — se as duas características se apresentam alternativamente — a mim me parece que é um grau mais elevado da evolução humana.

Assim, a missão pedagógica seria tornar mais real a diferenciação sob o ponto de vista fisiológico e a aproximação diferenciada ou alternativa, sob o ponto de vista psicológico.

Quando Tagore escreve os seus poemas da infância com uma alma essencialmente maternal na sua doçura inigualável, sente como mulher, isto é, sente com a sensibilidade quintessenciada. Nem por isso o censuram, nem por isso deixa de ter virilidade forte de homem.

Mas, quando eu escrevo os meus panfletos e nas entrelinhas não veem a minha alma essencialmente feminina na maneira de sentir e de viver — batizam-me com todos os adjetivos capazes de mudar o meu sexo... Muita gente precisa me conhecer pessoalmente para se capacitar de que sou mulher, de que tenho a natureza delicada do meu sexo.

Dois pesos e duas medidas. É a reação masculina procurando impedir a evolução feminina.

Procura-se, com ciência, provar a asserção: a mulher é útero. Sim. Mas, castrado o homem, torna-se meio mulher: voz fina, tecido adiposo, maneiras mulherengas. Então, também é lógico afirmar: o homem é testículo.

É que a mentalidade nada tem que ver com o sexo e isso não se quer ver. O que se verifica é que, se há divergência na evolução mental do homem e da mulher, esse fato é devido à educação. "Há uma exogamia mental", isto sim.

Demais, a maioria dos homens está acima, mentalmente, da maioria das mulheres? Acho que se equivalem em "imbecilidades específicas"...

———

Enquanto, com Weininger, Heinse, e tantos outros se quiser que o homem seja apenas e somente viril, e a mulher apenas e somente sentimental, homens e mulheres constituirão duas raças biológicas distintas, para continuarem a se digladiar como "os dragões da figura oriental, de fauces abertas, que se olham frente a frente, as garras eriçadas, porém, cujos corpos convergem e terminam na mesma cauda"...

E os dois nunca se libertariam da preocupação exagerada do sexo, transformada quase em vício, nunca chegariam a se amar verdadeiramente, na alma, na mentalidade, no coração.

A diferenciação dos sexos, para Weininger, para Marañón, está em o homem "sufocar" os restos que tem de mulher, os elementos femininos, e a mulher "sufocar" os restos que tem de homem, os elementos masculinos.

Como tudo isso é absurdo e como Marañón se contradiz a si mesmo.

Primeiramente, a expressão "sufocar" é antibiológica, anticientífica, no caso. Não se sufocam qualidades específicas da espécie. Podemos fazê-las adormecer, mas, continuarão a existir em estado latente.

O indivíduo só é feliz quando goza da plenitude das suas forças, quando se expande em todos os seus característicos. Quando se retrai, quando "sufoca" qualquer cousa em si, torna-se desgraçado. Se ambos os sexos levam a vida a "sufocar" tendências, instintos, a recalcar o temperamento, que luta e que irritação para consigo mesmo e desencadeadas contra o sexo oposto, que a exige!

Repito: para mim, a diferenciação sexual deve ser fisiológica, e a aproximação sexual — psicológica.

É essa a diferença profunda que Marañón não faz. Todos eles confundem-nas e só atendem à forma humana, à espécie considerada biologicamente.

E devemos encarar o indivíduo na sua psicologia, porquanto *a tragédia de ser dois* não provém propriamente do sexo em si, mas, da psicologia específica de cada indivíduo de determinado sexo.

Ademais, ninguém quer fazer desaparecer o que é especificamente masculino ou feminino, pelo contrário.

Não somos partidários de "sufocar" instintos, tendências, temperamentos... Antes, ficamos com Rabelais: *faze o que quiseres*. Ou com Ibsen: *sê tu mesmo*. Ou com Han Ryner: *realiza-te*.

Muito ao contrário de "sufocar", o indivíduo deve expandir-se em toda a plenitude de todas as suas possibilidades latentes.

Confundem diferenciação sexual e caracteres específicos psicológicos.

E Marañón chega a aconselhar a cirurgia de Voronoff para a diferenciação sexual! Lamentável! E, complicando, obscurecendo a questão, confundindo a morfologia orgânica com a diferenciação psicológica específica, acresce a tudo isso a preocupação da homossexualidade e lembra a necessidade de enxertar glândulas masculinas no homem, para reforçar a sua virilidade, e femininas nas mulheres, com o objetivo de reforçar a sua feminilidade.

Assim, confunde ainda mais o problema. A homossexualidade é outra face do problema, profundo, e analisado superficialmente. Não vem ao caso, neste momento.

Não é também, como pretendem, uma vergonha, uma baixeza, nos indivíduos sinceros e que a sentem verdadeiramente. Neles, é natural. E o que é natural, é natural e não mais. Mas, não é disso que se trata, senão da diferenciação psicológica — para a harmonia a dois.

Não é problema que se resolva com enxertos, nem isso é prático. O problema é pedagógico, é de autoeducação e não de Voronoff, é também de regime alimentar e exercício. Não "sufocar", não é extirpação, não é enxertar. A fórmula é bem outra: conhecer-se, realizar-se, vontade de harmonia a dois. Reproduzir-se em qualidade e não em quantidade. Maternidade livre e consciente. Nova mentalidade para o sexo masculino, mais ampla, mais generosa, mais nobre para com a mulher. Não cavalheiresca ou romântica. O que é preciso derrubar e sufocar é o ídolo da honra, são os altares onde colocaram e adoram a deusa...

O HOMEM AMA O GÊNERO, NA MULHER. A MULHER AMA O INDIVÍDUO, NO HOMEM

"El varón ama en la mujer al género y no al individuo", diz Marañón. Sim. E o que é preciso é justamente fazer sentir ao homem que a mulher chega a ser indivíduo e fazer subir a mulher até reintegrar-se na sua individualidade.

A teoria de Schopenhauer — exaltação das qualidades varonis no homem e das femininas na mulher — faria talvez o ato genésico mais brutal, mais voluptuosamente violento, mais triunfante a luta amorosa, porém, psicologicamente, aumentaria, multiplicaria a tragédia dos sexos e os afastaria, cada vez mais, no drama de ser dois.

E a sublimação, parece-me, deve tender a fazer delicado o gesto amoroso, mais requintado, mais belo, e não mais animal no sentido da brutalidade.

Demais, os prazeres psicológicos, a imaginação, a afetividade, a gratidão tomam parte na volúpia sexual.

A mulher bem feminina, na accepção de toda essa literatura cavalheiresca e com o nome pomposo de científica ou filosófica — é a mulher bem *coquette*, ignorante, inferior, *bibelot*, animalzinho doméstico, astuciosa e frívola, protegida, amparada, seduzida pelo homem.

É conservar eternamente as "imbecilidades específicas" femininas e masculinas...

A prova é que Marañón simboliza o varão arquétipo na figura de Otelo! Parece incrível!

"Se vais com uma mulher, não te esqueças do chicote"... Nietzsche...

Vargas Vila... "Mata-a, se roubou tua honra"...

O homem ama o gênero, na mulher, mas, mata o indivíduo... lavando a honra! Já vê Marañón que o problema é profundamente psicológico...

Que contradições criadas pela bestialidade civilizada!

O grande sábio alemão, professor Nicolai, em duas palavras, me definiu a sua opinião a respeito do amor e da mulher:

"Um homem quando está com uma mulher, não pensa: brinca"...

"O amor é como um jogo de xadrez, um pouco melhor que o jogo de xadrez"...

Marañón defende a monogamia!...

O livro de Marañón não é a sua última palavra: é uma etapa de evolução... As suas dúvidas saltam aos olhos do leitor nos três ensaios sucessivos, de que o primeiro é bem burguês. No último, tem frases banais como qualquer vendedor de esquina, porque o preconceito é inato em todos os homens de todas as classes sociais.

Sem embargo, quando se desprende do espírito espanhol, do espírito latino, tem conceitos magistrais e a sua cultura admirável e sólida o faz entrever possibilidades extraordinárias para a evolução feminina.

Marañón defende a monogamia como estado superior de diferenciação, mas, confessa que o biologista, se não é hipócrita, não pode aceitar de maneira alguma a eternidade do laço conjugal.

Essa monogamia é a escolha, é o amor integral, é a sexualidade específica. É isso que todos os Otelo e os Don Juan e os Barba-Azul procuram incessantemente, insatisfeitos ou sentindo nas criptas do inconsciente, que a companheira, resignada, passiva ou indiferente, não realiza também essa sexualidade específica. É ela, a sexualidade específica que faz com que dois seres se absorvam um no outro, integralmente, em toda a plenitude. Cada qual, fora desse beijo, será incapaz de amar e foge aterrado, sentindo repugnância e desespero e ansiedade e desalento nos braços de outro ser. Porque, só amamos verdadeiramente — dentro da sexualidade específica da monogamia do verdadeiro amor e só nos divinizamos, através da carne, se, depois do ato sexual, nos sentimos mais belos e mais generosos e mais amorosamente ligados ao ser com quem acabamos de nos confundir. Mas se durante e após o ato sexual experimentamos abatimento e desconsolo, se nos sentimos abaixo de nós mesmos, humilhados e envergonhados, se desejaríamos fugir e nos isolar — então, não há amor. E, repetir, nas mesmas condições, com o mesmo ser, o mesmo ato — é deprimente e indigno dos seres que se prezam.

Por isso, quando as criaturas superiores erram na escolha, a fuga é desabrida.

Não se trata aqui de prostituição ou de amores ou bordel, cuja fuga tem outra significação, bem diversa. Falamos de criaturas livres, emancipadas e nobres. Também o amor plural é para os que buscam o amor, para aqueles que, infelizes, não encontraram o amor e não viveram a harmonia integral a dois, não sentiram essa sexualidade específica divinizada noutro ser, convergindo simultaneamente uma para a outra. Também não defendemos a eternidade do laço conjugal, dentro ou fora da lei.

O problema do amor é muito mais complexo e nas criaturas superiores, a imaginação e o sonho da perfectibilidade no ser amado, a sensibilidade do artista e a mente do verdadeiro intelectual (— o homem livre ou a mulher pura e superior, ambos idealistas e generosos —) tomam parte importantíssima na seleção e na sexualidade específica, criando, divinizando o tipo perfeito. O anseio de uma realização a dois — é o paraíso e o tormento inominável dos que vivem a vida integral no amor que diviniza a carne e sobe até *arrebatar um ser, dois seres, ao rebanho...*

Marañón tem dessas cousas: intuitivamente, deixa escapar um pensamento profundo que nos leva longe em cogitações, mas, também resvala nas banalidades de toda gente senão, vejamos:

Marañón diz que os instintos "são pouco escrupulosos e às vezes profundamente imorais. Por isso, toda obra da educação não é mais do que uma superação ética dos instintos".

Confusionismo lamentável.

Procuramos adaptar o nosso tartufismo aos instintos. Defendemos a crapulagem em nome do instinto.

Apoiamos as vilezas humanas nas leis biológicas. Decretamos imoral o que é são e natural. Fazemos da hipocrisia uma capa a fim de nos ornarmos do que chamamos "educação", a *vernissage* para encobrir as fealdades do nosso caráter, que se defende das suas baixezas e da covardia, em nome dos instintos. E a ciência e os intelectuais são sempre os culpados de tal *camouflage*. Poluímos tudo, maculamos todas as cousas, empregamos a nossa inteligência na astúcia manhosa para adaptarmos a perversidade humana às leis naturais. A isso, denominamos ciência.

Não. Nós conservamos pela tradição, pela educação, pela rotina, instintos que não mais teriam razão de ser, no nosso estado de evolução. Não são os instintos que são pouco escrupulosos ou imorais: nós é que queremos moralizar ou legalizar os instintos. Nós é que fossilizamos instintos dentro de nós.

Vivemos instintos que hoje são para nós, o que é o apêndice, por exemplo, na opinião de alguns cientistas: um órgão ou a recordação de um órgão que teve a sua utilidade, porém que hoje é inútil ou até prejudicial.

É o contrário: a obra da educação estatal e moraliteísta que, de fato devia ser uma superação ética dos instintos, é, ao inverso, a conservação mumificadora de instintos que deveriam ser substituídos por outros instintos. Vejamos um exemplo:

As guerras modernas são as consequências do regime burguês-capitalista: comércio ou conquista de terras para a expansão da superpopulação dos países já repletos. Um exemplo: o Japão contra a China. E o patriotismo belicoso é o resíduo do instinto de defesa das primitivas organizações sociais, do mesmo modo que os cães raspam o asfalto com as pernas traseiras — procurando não deixar vestígios da sua passagem onde acabam de satisfazer uma necessidade fisiológica, estupidamente, repetindo o gesto do lobo, seu ancestral, escondendo os excrementos para não ser perseguido pelo homem (Georg Nicolai: *Biologia da guerra*).

Aqui era instinto de defesa. O cão já percebeu a inutilidade desse gesto, mas o faz mesmo superficialmente, na sua estupidez rotineira.

O gesto patriótico é o gesto do cão... Nada mais, nada menos.

O homem conserva no subconsciente a lembrança de haver organizado as primitivas sociedades, e hoje repete a brutalidade do troglodita ao se defender das feras ou ao atacá-las para comer, ao proteger a sua grei, a sua conquista de guerra, contra outras greis que pretendem escravizá-las para as dominar e aniquilar.

O cão repete o gesto de defesa do lobo. O homem repete o gesto de defesa do troglodita.

Podemos dizer que o instinto belicoso do homem seja imoral ou pouco escrupuloso?

Seria absurdo, porque aí já não é mais instinto natural. No homem foi deformado o instinto de defesa: patriotismo ou violência estatal organizada são as duas pernas traseiras do cão... no gesto repetido do lobo no seu instinto de defesa.

O instinto nunca é imoral. Nada há de imoral no que é natural. Imoral e pouco escrupulosa é a sociedade que organiza e explora os instintos de defesa do homem primitivo, instintos conservados no subconsciente e os canaliza e lhes dá forças para explodirem e auxiliarem aos poderosos na defesa dos seus interesses particulares.

Não é a biologia que se adapta às sociedades. São as sociedades que tentam deformar as leis naturais e decretam uma biologia social, uma economia social, uma sociologia biológica dentro do quadro adaptável às circunstâncias e às necessidades de determinado grupo de indivíduos ou de uma classe social.

Indicar à mulher, como livros de cabeceira, nem que seja temporariamente, por um ano apenas, como quer Marañón, a *Vida* de H. Ford, me parece muito burguês. Indicar como conselheiros eternos — os Livros Sagrados, a Bíblia — me parece muito cristão... muito espanhol, muito sacerdotal e moraliteísta... A Bíblia é estilete de dois gumes: só a entendem, os espíritos absolutamente emancipados, os homens livres, as consciências que podem caminhar sem quaisquer muletas. É difícil desenterrar o Cristo do meio das ruínas, dos escombros e das chantagens clericais do Novo Testamento. E o Velho — também se fez novo...

Indicar qualquer guia dos bem-casados é ridículo.

Eu tomaria a liberdade, não de indicar, mais amplamente, para os nossos séculos, para o nosso estado de evolução, como livros de cabeceira — para homens e mulheres — os *Elementos de ciência social* de Drysdale; *De profundis*, de Oscar Wilde; *Minha vida*, de Isadora Duncan; *Les Pacifiques*, *Le Subjectivisme*, *Le Sphinx rouge*, de Han Ryner; *Clérambault* e *Jean-Christophe*, de Romain Rolland; e *As máximas de Epicteto*, porém, de dizer que nesses evangelhos estão condensados os problemas humanos. E os problemas humanos são propostos para ambos os sexos...

A MULHER DE APÓS-GUERRA CONTRA O HOMEM, NO CASO DE
UMA NOVA CONTENDA

Sob a epígrafe acima, recebi de Buenos Aires o artigo de José Sebastián Tallón, que não conheço, publicado em *Bandera Negra*, enviado por uma amiga que me pede para responder ao inquérito sugerido pelo referido artigo.

Bandera Negra, jornal antimilitarista, publicação contra as guerras, foi suprimido pela revolução buenairense, há quase dois anos, em 1930, *Bandera Negra* reapareceu no Primeiro de Maio de 1932.

Revejo papéis e recomponho a minha resposta que seguiu, porém não chegou a ser publicada, devido à censura dos salvadores da pátria argentina.

Analisando o pensamento de Tallón, respondo ao inquérito.

Aclaração preliminar

Aceito com Tallón:

Há dois modos de combater a guerra, mas, podem interpenetrar-se.

1.º — Contra o instinto. Pela nova consciência. Contra a guerra;

2.º — Contra o fato. Por um estado de consciência. Contra a "próxima" guerra.

Ao 1.º corresponde: o trabalho indireto: reforma individual.

Ao 2.º corresponde a ação direta.

Advertência: Também, como Tallón, para evitar confusões, peço a máxima atenção para o desenvolvimento da minha ideia e para a substituição de palavras que significa a substituição de posição para estudar o problema. Pontos de vista opostos, talvez.

Segunda advertência: Para combater a guerra — ação indireta; para combater a *próxima* guerra — ação direta. Podemos estar de acordo até aí. Dois métodos de ação. Não concordo que "confundindo-se e interpenetrando-se os métodos, as intenções portanto, a ação será inútil e até prejudicial, por mais nobre que o seja em sua origem". Não. Não vejo motivo para uma afirmação tão categórica. E me vou explicar.

Terceira advertência: O momento obriga à ação individual direta e indireta, cada indivíduo aplicando o seu próprio método ou ação direta na campanha contra a próxima guerra.

Ação indireta

Pela palavra. Pela pena. Mostrar os horrores da guerra, sob o aspecto da brutalidade imediata e sob o aspecto da degenerescência humana na seleção às avessas, nevroses, imoralidade, todos os aleijões físicos e mentais e amorais desenvolvidos na última guerra e em todas as guerras.

É a sugestão pelos fatos e a sugestão pelos argumentos científicos, tiradas as provas no último massacre europeu. É a linguagem ao inconsciente para despertar uma consciência nova e substituir o instinto ancestral rotineiro e estúpido do patriotismo belicoso pelo espírito de cooperação e não violência.

Não creio em reformas sociais: creio na realização individual. Assim, me são indiferentes todas as cruzadas sociais, todos os grupos, as coletividades, as associações. Entretanto, para resistir à guerra, seria preciso a resistência em massa.

Tudo isso começa muito bem e muito nobre — porque é sonho de um indivíduo, de dois, de três que se harmonizaram em linhas gerais. Logo após, degenera-se. Formam-se os núcleos que se combatem, tornam-se focos de intrigas, invejas e discórdias perenes. Toda associação deve durar pouquíssimo e deve morrer antes de se transformar em núcleos de lutas pessoais.

Nesse caso, cada consciência livre nada pode esperar dos outros, senão de si mesma. E tem por primeiro dever iniciar a sua campanha antimilitarista, antiguerreira, disposta a dar toda a sua energia em toda parte onde se possa fazer algo em prol da paz e da solidariedade humana.

Escrever e falar de todas as tribunas cujas portas se lhe não fechem...

Ação direta

Para o homem:
Objeção de consciência.
Recusar-se ao serviço militar.
Recusar pegar em armas.
Recusar ir à guerra.
Recusar terminantemente qualquer ocupação no serviço militar, na Cruz Vermelha, em quaisquer departamentos da guerra.
Não matar, nem na guerra, nem a favor da paz... contra a guerra.
Não resistir. Não fugir. Declarar serenamente que é objeto de consciência, que não está disposto a matar o semelhante, que não contribui nem coopera com os forjadores das guerras.
Dispor-se à prisão. Deixar-se fuzilar, mas, recusar-se obstinadamente a ser soldado, a ser assassino ou cúmplice dos assassinos profissionais, assalariados.

Para a mulher:
Pela palavra, pela pena, mostrar ao homem qual deve ser a *ação direta* contra a guerra.
Na escola, no lar, aos filhos, aos amigos, a todos, mostrar os horrores da guerra, a brutalidade do massacre humano e as consequências dessa loucura coletiva.

Não comparecer às paradas militares, nem consentir em levar seus filhos ou discípulos para ver as paradas da bestialidade da força armada.

Não cooperar de modo algum em quaisquer departamentos da guerra: nem como vivandeira nem como enfermeira da Cruz Vermelha.

Não procurar ver os regimentos em partidas para o *front*, recusar-se a fornecer-lhes *bonbons*, quaisquer auxílios ou divertimentos.

Não lhes proporcionar nenhum prazer. Não cooperar de modo algum para as guerras: preferir morrer de fome a trabalhar em usinas de armas ou munições de guerra.

Fugir de quaisquer exibições patrióticas, nacionalistas ou militaristas. Não corresponder com a sua presença ou com os seus aplausos para o espetáculo exibicionista e vaidoso do aparato militar — cujas cores vistosas e penachos e rufos de tambor têm por fim agradar e conquistar as mulheres, as crianças e as massas populares infantilizadas pela ignorância e a servidão. Guerra de extermínio aos brinquedos que lembrem militarismo ou violência armada.

Mas, a "suprema resistência" ou a resistência heroica da mulher em face da civilização capitalista é a *greve dos ventres*, é a maternidade consciente e *limitada*, recusando-se a engendrar a carne para os canhões. Esse deve ser o método da não violência feminina, da não cooperação. É a abstenção, a recusa terminante para não alimentar as mandíbulas vorazes das guerras ou dos prostíbulos.

As sociedades, as pátrias, as nações, os privilégios têm sua base estabelecida sobre a violência. A única arma eficaz e ao alcance das consciências livres contra a maldade da violência — é a não cooperação, a não violência. Foi com essa arma que Gandhi matou a grandeza e o poderio da Inglaterra. É com a mesma arma, a greve dos ventres que a mulher acabará com as guerras.

Demais, demonstrar a hipocrisia do pacifismo que tem por fim enganar e melhor preparar as guerras, pacifismo de toda a horda dos vampiros — financistas, diplomatas, capitalistas e políticos, reis ou ditadores que se nutrem do material industrial e humano, fazendo-os se destruírem simultaneamente nos campos de batalha.

A Cruz Vermelha é uma das mais ferozes armas de guerra: muitos homens vão à guerra porque há mulheres na Cruz Vermelha. Ou por sentimentalismo ou por crapulagem. O sentimentalismo doentio desses rapazes deve ser transformado em raciocínio contra os exploradores do material humano e a favor do amor ao próximo, do pan-humanismo. E a libertinagem deve ter como resposta o protesto consciente da mulher que só se entrega, quando é nobre e digna, a quem está à altura do sonho da emancipação humana. É o amor que há de fazer a seleção mental da espécie.

No dia em que a mulher subir tão alto, o homem, como prêmio, para obtê-la, deverá escalar também muito alto.

E, se a mulher se engana na escolha do seu companheiro de sonhos, se ele não está à altura da nobreza de caráter dos verdadeiros idealistas, resta-lhe retroceder e se libertar desse elo que a irá rebaixar em vez de a iluminar de inquietações que enobrecem e exaltam para a escalada através do tempo e para além do espaço.

As almas simples e boas merecem as nossas homenagens. Mas, uma mulher superior o que não pode suportar é o vazio da vulgaridade consciente, a repugnância da mediocridade cultivada, o despudor do descaráter, o parasitismo revoltante e jactancioso.

Errar é humano, mas, permanecer no erro é baixeza e servilismo.

E quando a mulher souber manter-se à altura da sua alta missão do "matriarcado moral" de que falava Ferrer, o homem fará tudo para subir até merecer o seu amor.

Mas, enquanto a mulher der atenção a todos os vulgares e cabotinos, aos charlatães do sonho, aos tartufos e fariseus da fraternidade humana, aos *cabaretiers* e *chauffeurs* elegantes, aos escroques de todas as bancas, aos idiotas e presunçosos, desprezando as almas nobres dos homens de bem — haverá guerra e a miséria do corpo e dos sentimentos povoará a Terra de fantasmas e sombras de homens e mulheres — todos insatisfeitos, famintos de pão e amor.

Assim, uma das mais fortes armas contra a guerra é o desprezo à vulgaridade, à mediocridade, à imbecilidade masculina, ao tartufismo dos aproveitadores da sensibilidade ou da generosidade feminina.

E a greve dos ventres, a maternidade desejada e consciente, ou o protesto contra a maternidade imposta pelo comodismo ou pela perversidade masculina — é o método feminino de ação direta.

Tallón cita Marañón

Marañón acentua que uma das características do espírito feminino é sua tendência reacionária ante as atitudes políticas inovadoras. É sabido. Pois bem: Tallón quer aproveitar-se disso para fazer ingressar a mulher num movimento antiguerreiro, sem nenhum perigo por parte da burguesia na sua reação costumeira, porquanto a mulher será a primeira a se declarar tacitamente livre de qualquer intenção revolucionária.

Começa aí o sofisma. Nada há mais revolucionário do que a objeção de consciência, o antimilitarismo ou a guerra à guerra.

———

Marañón confunde luta social com trabalho físico.

Tratei disso em outras páginas. Acha que a mulher, salvo as que escapam à lei normal do sexo, não está biologicamente apta para a luta social. Em vista, porém, da energia desenvolvida pela mulher durante a guerra, *a biologia se vê forçada* (!) a declarar que "em um momento de inquietação, dotada em sumo grau dessas virtudes que os americanos chamariam de emergência, pode suplantar o homem". "O sexo pode, peremptoriamente, ser vencido por uma razão de ordem social" (G. Marañón).

Que esforço para torcer, e que dificuldade para não conseguir o objetivo desejado! "A biologia se vê forçada" — é uma frase oca e anticientífica. Não reproduzo aqui o que já comentei em torno dos *Três ensaios* de Marañón. Passemos a Tallón que baseia o seu método de propaganda antibelicosa nos erros de observação psicológica de Marañón.

Tallón tira a conclusão de que, em casos de emergência a mulher poderá lutar *contra* o homem.

A mulher tomou o lugar do homem na guerra e o superou. Acabada a guerra, voltou contente para os lares. A que pôde voltar, aliás. A Europa, o mundo inteiro está cheio de mulheres que continuam o labor pesado do homem. Superficialmente Marañón declara e com ele afirma Tallón que a mulher regressou ao lar porquanto "obedece a leis biológicas das quais não pode escapar sem ser imoral ou vencida". E que a mulher não deseja permanecer no lugar do sexo contrário. Isto é bem mais profundo e já tirei minhas conclusões em outro capítulo.

E como se o trabalho doméstico não bastasse!

E como se a escravidão da maternidade e os labores caseiros fossem de molde a tentar o homem a uma vida mais calma... e mais pacata!... Demais, foi a civilização unissexual que empurrou a mulher para o que Marañón denomina a luta social. De fato: é o homem que exige, além dos trabalhos domésticos, o salário da mulher.

A conclusão de Tallón é que a campanha contra a guerra deveria obedecer a essa ordem de ideias, pondo em evidência e exaltando uma característica "anti-histórica e fundamental de seu sexo: a que faz de uma mãe beata uma inimiga de Deus, se lhe pede a vida de seu filho".

E diz Tallón: *"Essa campanha teria como base de partida o sexo, uma razão de ordem antropológica e não política ou sentimental"*.

É falsa e anticientífica a conclusão e por conseguinte o método, porque as premissas são falsas. Não é o caminho.

Continuemos o raciocínio.

O maior perigo, para Tallón, no caso de apelarmos para a mulher europeia, está nas homenagens que o mundo inteiro lhe tributou. O homem, como sempre, explorou a sua vaidade e não lhe faltaram elogios porque fabricava os gases com que envenenaram os homens nas trincheiras.

Tallón conclui: *"Es, en realidad, más heróica que el hombre. Pero se la engaña con mucha facilidad"* [É, na verdade, mais heroica que o homem. Mas é enganada com muita facilidade].

E Tallón arquiteta um plano para enganá-la também...

Sem dúvida, tem razão quando afirma que é preciso arrancar de sua consciência ludibriada a simpatia por seu passado heroísmo, "fazê-la compreender que não foram senão seres monstruosos, traidores do próprio destino que lhes traçam um caminho na Terra, na sociedade humana". E chega à sua conclusão: a única força poderosa contra seu erro é o sentido antropológico de seu sexo, a obscura e obstinada necessidade de que os filhos vivam apesar de tudo. Devemos começar por aí, diz ele.

Portanto, todo o seu método de ação antibelicoso deve ser posto nas mãos das mulheres e a base de tal campanha deve ser o instinto da maternidade na defesa incondicional dos filhos.

A obsessão do perigo exalta a maternidade, é o corolário de Tallón.

O perigo de uma nova guerra que ameaça a paz da Europa (e da Ásia, acrescentaria agora Tallón), deve levar a mulher europeia à campanha psicológica de conduzir de novo a mulher aos seus instintos, não permitindo que seja mais enganada com as ideias de pátria ou de heroísmo e sacrifício.

E Tallón resume todo o seu conceito e todas as suas conclusões neste período:

"*La mujer europea debe organizarse y estar lista para convertirse, llegado el momento y en virtud de su instinto maternal, en una fiera de la paz*" [A mulher europeia deve organizar-se e estar pronta para converter-se, chegado o momento e em virtude de seu instinto maternal, em uma fera da paz].

E sua ação, tratando-se de uma campanha urgente, não dependeria, segundo Tallón, em relação ao homem, de um método puramente persuasivo, e sim violento. "*Ponerse frente al hombre y no dejarlo pelear*" [Pôr-se diante do homem e não deixá-lo lutar].

Mas, é covarde o homem que toma da carabina e vai para a caserna esperar que a mulher o impeça de seguir para a linha de fogo. O homem não tem que esperar a ação direta da mulher. Também deve agir diretamente, por si mesmo, sem estar à espera de que outros o venham obrigar ao papel de espadachim dos romances de capa e espada, em que fingem os covardes e charlatães estar dispostos à luta, porém, pedindo, gritando que os socorram, que os agarrem, senão eles agridem e matam mesmo ao adversário...

Imaginar um plano pacifista empurrando a mulher para a frente, sob qualquer pretexto, me não parece muito nobre.

Não é sério formar um partido político ou um plano de ação, mesmo em prol da paz, ou de qualquer iniciativa generosa — procurando atrair a mulher e enganando-a que não se trata de partido revolucionário. Se a objeção de consciência ou a ação direta contra a guerra é supinamente revolucionária — como teriam coragem de afirmar à mulher o contrário ou obrigá-la a afirmar outro tanto?

Isso me repugna.

A mulher sempre esteve a serviço dos desejos ou dos ideais masculinos. Ainda agora, desperta para a política, para a vida civil e para os sonhos revolucionários.

Nós outros, os avanguardistas, não teríamos pejo de usar dos mesmos processos para aproveitar a mulher nos planos revolucionários?

Trata-se, ao contrário, não de formar "um estado de consciência" para o caso de emergência, e sim despertar a nova consciência contra o instinto reacionário, o instinto belicoso, contra o instinto do troglodita.

E não é querendo que a mulher seja "uma fera da paz" que se há de conseguir o despertar de sua verdadeira consciência de indivíduo clarividente.

Há muita confusão em tudo isso. Justamente as mulheres que não foram mães é que fizeram alguma cousa mais humana. A maternidade é uma cidadela fechada pelo egoísmo. Não é apelando para o egoísmo estreito da maternidade fisiológica que o mundo há de caminhar para mais altos destinos. Não confundam a maternidade espiritual, a maternidade consciente, o matriarcado moral com a maternidade fisiológica de todos os animais.

Há muitas mulheres que não são mães e se têm dedicado a nobres e puros ideais de pan-humanismo. Não é preciso nos servirmos do instinto maternal fisiológico para fazer da mulher "uma fera", mesmo da paz.

"Uma fera da paz"!... expressão que é contrassenso e contradição.

De fato, a mãe é uma fera, no sentido puramente fisiológico. E é essa ferocidade que é preciso justamente transformar no matriarcado moral, na maternidade consciente.

A galinha é uma fera na defesa dos seus pintos e no ataque aos pintos das outras galinhas... Assim é a maternidade fisiológica.

Não é apelando para isso que chegaríamos à paz. Engano lamentável.

Demais, por que negar à mulher o seu direito de indivíduo na escala social?

Antes de ser mãe, a mulher é mulher. Eu nunca fui mãe e nem por isso deixei de colaborar um só dia da minha vida para o advento da liberdade e do fraternismo entre os humanos.

Será que camaradas libertários se unem aos pseudocientistas para afirmar *a priori* que a mulher é só e exclusivamente útero?

Por que razão não seguem um pouco mais longe e não afirmam com aquele cientista que afirma ser a mulher *inferior* e *incapaz* — porque não tem testículos?...

E poderíamos chegar à conclusão acaciana de que o homem não é mulher porque não tem ovários.

Como tudo isso é cômico.

A biologia não se pode prestar ou adaptar-se às expressões e aos desejos do homem da civilização unissexual. Os homens não podem torcer as leis biológicas, nem as leis biológicas se adaptam aos momentos sociais de emergência. Se, em um momento de emergência, em instantes de inquietação e sobressalto, como durante a guerra, a mulher se revelou sob aspecto másculo de energia e vitalidade, fazendo tanto ou mais do que o homem, assombrando pela sua força de resistência física e moral e extraordinária capacidade de adaptação — é que dentro dela trabalham energias latentes que a civilização unissexual fez adormecer.

A biologia *não se vê forçada* (!) a declarar que em certos momentos de emergência o sexo pode ser vencido por uma razão social. A biologia provou que energias latentes há na psicologia e na fisiologia femininas que podem, para o futuro, fazer *de novo* a mulher equivalente ao homem em vigor físico e em capacidade mental de adaptação às circunstâncias do meio ambiente.

Quanto ao físico, já há mulheres atletas competindo com os homens, mesmo estabelecendo a diferença muscular, as diferenças orgânicas.

Quanto à mentalidade, quantos homens serão precisos, mesmo inteligentes, para fazer uma Staël, uma Curie, uma Isadora Duncan?

Mas, não se trata disso: a luta social de que se fala hoje, não é luta de peso-pesado...

É luta de ideias, luta revolucionária.

É questão de despertar a mulher ou fazer vibrar a sua tônica sensível.

A pré-história da evolução humana prova que homens e mulheres, entre os trogloditas, eram livres e fortes e cada qual lutava pela vida com as próprias armas.

No dia em que descobriram o fogo — daí data a escravidão feminina: a mulher ficou a guardá-lo, e ali está ela até hoje, há milênios, a pôr a lenha no fogo sagrado do lar...

Nunca será demais repeti-lo.

No dia em que a mulher se dispuser a libertar-se do jugo do estômago civilizado, passar a comer frutas e legumes, a apagar o fogo doméstico que é o "fogo eterno" do inferno feminino na sua escravidão ao estômago do homem — nesse dia ela recomeçará a sua autoeducação física e mental e iniciará a sua verdadeira libertação humana.

Marañón discute com a mulher *bibelot*, frágil, e necessitando da proteção do homem — o que lhe é sempre agradável, mesmo sendo ele cientista...

O homem finge ignorar que, no campo, muitas vezes, quase sempre, a mulher trabalha mais do que o homem, porque trabalha de sol a sol, com a enxada na mão e faz a cozinha e cuida dos filhos e de todos os labores domésticos.

E tem os pés e as mãos deformados pelo trabalho físico e a velhice é precoce, porém, a resistência feminina é fantástica e a mulher se arrasta no trabalho heroicamente, sem repouso, enquanto os seus homens — pais, marido ou filhos têm a taverna, o botequim, ou a camaradagem do trabalho ou das tardes domingueiras para se distrair.

Demais, todos são unânimes em proclamar que, durante a guerra, sem preparo, sem evolução, a mulher fez tudo quanto o homem faz. Que mais é preciso?

Sim. Regressaram aos serviços domésticos alegremente. Porque a intuição feminina é maravilhosa: a mulher pressentiu que não eram chegados os tempos. Se ficasse a trabalhar brutalmente — seria acrescentar uma escravidão a outra escravidão. Teria de trabalhar para o homem, duplamente, continuando a ser a sua escrava doméstica. Seria isso alguma conquista vantajosa?...

Compreenderam ou pressentiram que seu sacrifício durante a guerra não seria recompensado porque os homens lhes não concederiam os direitos civis e políticos nem a emancipação sexual. Nesse caso, por que carregar às costas mais o peso de arrastar com o trabalho do homem que voltou esfalfado e preguiçoso e exigente, após as refregas do campo de batalha?

Seria multiplicar a sua escravidão milenar.

E, quantas foram obrigadas pelo homem ou pelas circunstâncias da vida a continuar o labor rude?

Não é que a mulher não deseje permanecer no lugar do sexo contrário — é que ela percebe que, até hoje, foi inútil todo e qualquer esforço seu para se libertar: não encontrou ainda o caminho e nem o homem lhe quer conceder os seus direitos de ser humano.

É o caso do proletário: faça o que fizer, tem sempre as mãos vazias.

A mulher está vendo que só tem servido de instrumento. E quando o homem alcança os fins desejados, ela volta a ser a sua propriedade e um joguete nas suas mãos de senhor.

Em muitos países da Europa, ou em quase todos, a mulher é tratada hoje com um desprezo que não conhecia antes da guerra.

As "leis biológicas das quais a mulher não pode escapar sem ser imoral ou vencida" — não são leis biológicas, são leis da civilização unissexual, leis sociais da civilização masculina.

O conceito do moral e do imoral não é biológico, é muito subjetivo e parcial.

A campanha antimilitarista, contra a guerra, não pode ser baseada no sexo, segundo esse ponto de vista estreito.

A vida do homem e da mulher tem duas faces que naturalmente se completam, mas, que podem ter atividades distintas: a vida sexual e a vida individual.

O homem pode ser político, magistrado, comerciante, palhaço de circo ou *camelot* — isso é independente da função sexual.

Também a mulher, pode ser cozinheira, costureira, aviadora, tenista, amazona ou professora, rainha ou trapeira, cientista como Mme. Curie ou artista como Isadora Duncan e Eleonora Duse. Que tem que ver com isso o sexo?

Deixei de ser mulher pelo fato de não ter sido mãe? Não colaboro para a emancipação humana com a minha palavra, a minha pena, com a minha vida?

Há mulheres cuja existência é um gesto de nobreza e devotamento e nunca tiveram filhos.

Por acaso a figura heroica de Louise Michel, a virgem revolucionária, poderia ter sido tão generosa e tão pura, tão desinteressada e tão nobre se tivesse sido mãe?

Toda a sua atitude, toda a sua vida é nimbada num halo fulgurante de maternidade espiritual. É essa a verdadeira maternidade.

E há mães que antes não o fossem.

Fazer da maternidade o *pivot* em torno do qual deve girar a vida da mulher, é absurdo, é preconceito arraigado no subconsciente de todos, inclusive dos libertários ou dos cientistas.

Demais, essa maternidade inconsciente que anda por aí aos montões, que recebe os filhos aos pontapés, em meio de blasfêmias — isso não é maternidade.

Bato-me pela ideia de que o indivíduo é o homem ou mulher antes de ser pai ou mãe.

Pelo contrário, não podemos envolver a mulher em nenhum movimento, por mais generoso que seja, apelando para as dores provindas da maternidade fisiológica. Antes, é preciso despir a maternidade do charlatanismo dos louvores incondicionais da literatura de cordel, para que a mulher não seja mãe por acaso ou por descuido, para que só deem à luz as mulheres capazes da verdadeira maternidade, da maternidade espiritual, da maternidade consciente.

O maior perigo, no conceito de Tallón, é o preconceito ancestral de pátria e dever, honra e fronteiras nacionais. Perigo tanto para o homem quanto para a mulher.

Mas, se os libertários pensassem em contar com essa cousa abstrata que se chama a mulher, mormente a mulher burguesa, para um movimento geral antibelicoso — teriam decepção imediatamente, do mesmo modo, se quisessem organizar tal movimento com a entidade abstrata, global, o homem.

Só um ou outro indivíduo — homem e mulher — destacado da massa humana ou do rebanho social poderá incorporar-se a um movimento de natureza tão superior.

E, desarraigar de suas pobres consciências enganadas miseravelmente a simpatia pelo passado de heroísmo durante a guerra — já é dar à mulher uma consciência nova e trabalhar contra a guerra, contra o instinto. É o primeiro postulado.

Chegar a convencer a mulher do seu erro e lhe dar a noção antropológica da necessidade de viverem os seus filhos — já é entrar no domínio da lei de população e da maternidade consciente e livre, da limitação dos nascimentos. E é tão profundo tudo isso que, no dia em que a mulher o pressentir — já tem uma consciência nova, e como indivíduo, não como mãe, se oporá terminantemente à guerra. Primeiro postulado.

A educação oficial, o patriotismo reacionário ou revolucionário mata o instinto da maternidade.

As mães têm orgulho dos filhos mortos nos campos de batalha ou nas barricadas.

Isso é antinatural. É artificialismo da civilização unissexual.

Ensinar-lhes a se buscar a si mesmas e a defender a vida do filho contra a pátria — é dar-lhe uma consciência nova.

Sempre o primeiro postulado.

O "rasgo" favorável do instinto da maternidade defendendo o filho do perigo, vai desaparecendo com a civilização.

Despertar na mulher o instinto consciente de defesa da prole — é dar-lhe uma nova clarividência. Primeiro postulado.

A imbecilidade humana é infinita. Toques de clarins e rufos de tambores são mais expressivos e mais espetaculosos que a objeção de consciência ou qualquer protesto verdadeiro e justo contra a guerra.

E o heroísmo do desertor é considerado crime de lesa-pátria.

Mas, se ainda há imbecis que se deixam estripar em prol dos canibais do capital e do poder, nós outros, os avanguardistas da emancipação humana bem nos podemos abster de cooperar nesse crime inominável.

A Europa vai ser aniquilada na próxima guerra. É o "ocaso do Ocidente", o ocaso da civilização burguesa capitalista.

Não se creia que eu esteja convencida de que os programas pacifistas poderiam evitar as próximas guerras ou as guerras em geral.

Os erros e crimes da civilização são tantos e de tal ordem que só podemos esperar os efeitos das causas anteriores desencadeadas ferozmente contra o gênero humano.

Mas, se fosse possível organizar, dominar, dirigir e canalizar a pedra que rola?...

É o que pretendem os revolucionários da Rússia nova. Mas, também eles já iniciaram errando, seguindo quase os mesmos caminhos palmilhados há milênios.

Já tomaram desvio errado. Voltarão, ao ponto inicial, para recomeçar a escalada? Não creio. Rumaram para a civilização mecânica, para o advento do cérebro humano transformado em máquinas. Transformaram a vida simples do camponês num sonho de dínamos e motores, de alavancas ou polias gigantescas: a Rússia do *mujik* é hoje a maior potência industrial do mundo. E o mesmo progresso material para bestializar...

A volta à natureza seria o ponto de partida.

Desgraçadamente a Rússia também já está errada e pagaremos caro esse transviar da mente humana.

O orgulho da ciência sangrará o coração do mundo.

É inútil querer impedir a passagem da pedra que rola.

Finalmente, recuso-me servir de instrumento nas mãos de quem quer que seja, para uma ação qualquer, mesmo a mais nobre.

Como indivíduo, sou responsável pelos meus atos. A minha consciência me indica o que devo fazer e os meus olhos estão sempre abertos — *mesmo quando alguém me dá a mão...* segundo o princípio filosófico.

Repugna-me servir da mulher para quaisquer fins, como instrumento inconsciente nas minhas mãos. Falar à razão, não despertar paixões — será sempre o caminho da verdadeira sabedoria.

Procuro despertar-lhe a consciência, busco acordá-la para a ação direta. Nunca me serviria do meu prestígio, se o tivesse, para aliciá-la nessa ou naquela campanha, mesmo que me pareça nobre ou indispensável — processo de que se têm servido até hoje os homens, dispondo do prestígio do forte e jogando com a sensibilidade ou com o servilismo feminino. E assim, ele tem obtido da mulher o seu auxílio, o seu esforço heroico, o seu sacrifício e dedicação — pela força, pelo amor, pela sugestão ou pelo mimetismo do sexo fraco.

E não posso conceber nenhuma mulher como fera da paz...

A ferocidade não pode estar a serviço do Amor. A não violência, a desobediência civil, a não cooperação são as únicas armas que a consciência possui e pode empregar contra os meios formidáveis de destruição produzidos pela ciência e pela indústria e colocados nas mãos dos políticos e dos açambarcadores e detentores do poder e das riquezas sociais — para o massacre e a destruição do gênero humano.

Os comediantes das Sociedades das Nações declaram a guerra fora da lei, e entretanto todas as Pátrias e todas as Nações condenam aqueles que se recusam ir à guerra em nome da Paz e do Amor ao próximo.

Tartufos que organizam as Ligas e as Sociedades das Nações, cujos diplomatas elaboram e preparam as guerras, ao mesmo tempo que os pais das pátrias distribuem prêmios, fazem discursos pacifistas e fingem pactos de desarmamento, comediantes que leem no rosto, uns dos outros, a hipocrisia dos seus propósitos e a mentira cínica dos seus gestos.

A humanidade poderia voltar a um ponto de partida e recomeçar uma evolução mais alta se a mulher se decidisse a perscrutar o problema humano: e o problema humano está ligado à lei de população, à maternidade consciente. E, sem paradoxo, olhando-o sob outra face que não a de Marañón, "o problema humano é uma questão sexual"...

POSFÁCIO

Mariana Patrício Fernandes

O ENCONTRO COM O PASSADO NO PRESENTE

"Uma voz foi feita para falar", como o Sol para aquecer e iluminar.
MARIA LACERDA DE MOURA, *AMAI E... NÃO VOS MULTIPLIQUEIS*

A pergunta: afinal, quem foi Maria Lacerda de Moura? que se segue à leitura de *Amai e... não vos multipliqueis* é a chave de abertura para um universo ao mesmo tempo próximo e ainda pouco conhecido fora do âmbito das estudiosas e ativistas que se dedicam ao tema das lutas das mulheres no Brasil. É como se as indagações que jorram com a leitura impedissem que fechássemos o livro. A leitora ou o leitor, impregnados do espanto, não podem também deixar de se perguntar: em que Brasil, de que maneira existiu essa voz? Em que ondas surfaram tais pensamentos que nos soam simultaneamente tão antigos e tão atuais? Em quais sentidos se encaminharam todos os assuntos tratados de forma tão visceral nessa obra: amor plural, combate ao fascismo, emancipação da mulher, maternidade consciente, educação libertária?

Lideranças femininas das décadas de 1920 e 1930 como Maria Lacerda de Moura são ainda pouco conhecidas se comparadas a figuras históricas da primeira metade do século xx no país. Nomes de mulheres ativistas e artistas da época como Bertha Lutz, Pagu, Albertina Bertha, Leolinda Daltro, Gilka Machado, Tia Ciata, Elvira Komel, Eros Volúsia e tantas outras aparecem esfumaçados nos livros didáticos e nos programas de televisão, no redemoinho dos acontecimentos, envoltos numa história que parece muito distante da atualidade, apesar de a atuação dessas mulheres continuar ecoando no presente. Tal distância aumenta quando pensamos nas inúmeras ativistas, militantes do movimento sindical e lideranças comunitárias da década de 1920 cujos nomes permanecem no anonimato. Fundamental para não deixar que os fios da história se desliguem permanentemente tem sido o trabalho de pesquisadoras como Miriam Moreira Leite, Branca Moreira Alves, Sueli Carneiro, Schuma Schumaher, Heloisa Buarque de Hollanda, Margareth Rago, Céli Regina Jardim Pinto, Constância Lima Duarte, Jurema Werneck, Patrícia Lessa, Ana Maria Felippe, Flavia Rios, entre outras, cujos livros a respeito da história das mulheres e do feminismo no Brasil se encontram, muitas vezes, com suas edições esgotadas ou mesmo inéditos. Além das pesquisas, é essencial o trabalho de arquivo, como o realizado pelo jornalista Edgard Leuenroth, pensador anarquista cujo empenho na preservação da memória das lutas operárias no século xx foi capital para que esta resistisse ao silenciamento empreendido por uma historiografia oficial. São também muitas as pesquisas, teses e dissertações dentro da universidade sobre a obra e a vida de Maria Lacerda de Moura, embora raramente atinjam o grande público, como destacou a pesquisadora Fernanda Grigolin, que há pouco organizou a publicação do livro *A mulher é uma degenerada*, escrito por Moura em 1924.

O interesse por religar os fios da história das mulheres e das minorias no Brasil já era uma preocupação de Maria Lacerda de Moura, e foi expressa em 1921, quando funda a Liga pela Emancipação Intelectual da Mulher e sugere a criação da disciplina "história das mulheres" a ser ensinada em escolas femininas. Ele se mantém aceso com as mobilizações de coletivos feministas, negros, indígenas e também anarquistas, que com sua atuação têm relançado a inevitável pergunta: por que ouvimos tão pouco falar dessas pessoas? Quais são os processos que, através do tempo, apagam seus nomes da história, dando a impressão de que estamos sempre recomeçando? Se as perguntas se abrem com tanta força, é também porque a biografia e a obra de Moura nos fazem constatar que não estamos começando do zero: essas vozes permanecem presentes em cada gesto contemporâneo de liberdade, ainda que muitas vezes como sussurros fantasmáticos, por exemplo a cada vez que uma mulher escreve sem medo.

O que a leitura de *Amai...* nos mostra é que libertarmos esses fantasmas e conhecermos as vozes daquelas que nos antecederam pode nos ajudar a encontrar soluções para antigos problemas: como amar e ser livre? Por que a sociedade capitalista e patriarcal precisa oprimir as mulheres? Como manter a rebeldia num mundo que nos quer conformados? Por que uma parcela significativa da sociedade brasileira é tão conservadora?

Amai... nos convoca a abrir a escuta de um passado próximo, deixando-nos afetar pelo estranhamento que tal proximidade distante produz. Numa espécie de gesto de autoconhecimento, tão valorizado por Maria Lacerda de Moura, mas dessa vez numa dimensão coletiva, a leitura permite atualizar velhas questões que permanecem como feridas abertas na vida de muitas mulheres e homens no Brasil.

AMAR É SER ANTISSOCIAL?

O programa de um ou da maioria cerceia a evolução de muitos, e, se comete o crime de cercear a evolução de um só, já é atentado à liberdade individual, ao direito humano, de necessidades naturais do homem. [p.22]

Nas fotografias de Maria Lacerda de Moura que circulam pela internet, a escritora aparece na maioria das vezes de perfil, como quem recusa o olhar direto e imediato, envolta em certa áurea de altivez e mistério. Entretanto, o texto de abertura de *Amai...*, intitulado "Um programa? Declaração de princípios?...", nos dá a sensação de estarmos ouvindo um megafone aberto em praça pública. Nessa praça, transformada em arena, Moura, que atuou como educadora, jornalista, escritora e ativista, convoca para dentro do seu texto todos os seus opositores e críticos, os que a acusam de não ter programa, de ser imoral e violenta, de não saber o que quer. Refutando com veemência tais argumentos, a autora afirma os pressupostos que defenderá posteriormente ao longo do texto. Situa o caminho "solitário", individual, que será trilhado, fora das organizações políticas e sociais de sua época, as quais rejeita. Em seguida, reconhecendo a limitação individual para resolver o problema da tirania, defende o amor, o autoconhecimento e o dever de protestar contra a guerra como pilares para consolidar "o programa da Solidariedade Humana" (p. 24).

A rejeição a formar grupos e a participar de associações, que marca sua biografia e é a todo momento afirmada em

Amai..., dificultará em grande medida sua recepção por seus contemporâneos, e lhe conferirá, muitas vezes, uma condição de isolamento. Aos 44 anos, em 1932, ano da publicação do livro, seus opositores, como veremos adiante, não são poucos. A essa altura, Maria Lacerda de Moura vive desde 1928 numa comunidade rural em Guararema, no interior paulista, composta de anarquistas e imigrantes europeus que se recusaram a lutar na Primeira Guerra e se intitulavam "objetores da consciência". É nessa cidade que ela vivencia seu período mais fértil de escrita. A voz que convoca os leitores já de início, apesar de ser bastante inflamada e panfletária e de possuir estilo transbordante, é a de uma escritora madura já com várias publicações. Divorciada numa época em que isso poderia ser escandaloso, mantém, contudo, uma boa relação com o ex-marido, Carlos Ferreira de Moura, com quem havia se casado aos dezessete anos,[1] e tem um novo companheiro, o ativista anarquista André Néblind. A vida austera que leva em Guararema, e que já levava desde que se mudara de Barbacena, cidade mineira onde cresceu, para São Paulo, quando decidiu não mais trabalhar em instituições de ensino, é mantida com seu trabalho de jornalista e professora particular, que lhe garantia o sustento mas nenhum luxo. Na verdade, desde a infância, Maria Lacerda de Moura, filha de um funcionário de um cartório de órfãos e de uma doceira, tinha sido acostumada a pouco ou nenhum conforto, e ao longo do tempo desprezou cada vez mais o que considerava um modo de vida superficial da burguesia.

Já na abertura do texto, nós, leitores, somos convocados a participar desse debate público que, ao mesmo tempo que é acirrado e marcado por palavras duras, exalta o amor, a beleza e a harmonia. Vamos sendo assim apresentados à tese principal do livro, que poderia ser sintetizada da seguinte maneira: uma sociedade mais justa, sem violência e guerra, só é possível se todos puderem se amar de forma plena, a si mesmos e aos outros. Entretanto, para que esse amor plural seja uma realidade plausível, é preciso antes de tudo parar de oprimir as mulheres, que constituem metade da população mundial. Obrigar as mulheres à monogamia, a um casamento sem amor e à maternidade compulsória é obrigar toda a humanidade a ser gerada e criada dentro de relações de violência, abuso e infelicidade. O direito a uma maternidade desejada foi se tornando tema caro à escritora, que adotou dois filhos com Carlos Ferreira de Moura, um deles seu sobrinho, e nunca teve filhos biológicos. No casamento, escreve,

> [...] a mulher, para se tornar "digna", tem de aceitar por marido, o indivíduo covarde que a maltratou brutalmente no corpo e nos sentimentos mais delicados do seu coração amoroso.
>
> E que vai dizer ao filho, a respeito da atitude de seu pai, querendo repudiá-lo, antes de nascer?

Será hipócrita, se ensinar-lhe o respeito e a consideração por essa espécie de pai.

Será indiscreta e perversa, se alimentar o ressentimento entre o pai e filho.

Situação intolerável para todos três, ligados por sentimentos indesejáveis, na atitude da defesa agressiva...

E é essa moral que a família, "instituição sagrada, divina, legal", defende encarniçadamente, e que os "bons costumes" solidificam através da polícia e dos preconceitos sociais. [p. 148-49]

A emancipação das mulheres só aconteceria quando perdesse força a aliança entre família, Estado, Igreja e capital, fonte de todas as guerras e de toda a opressão. A melhor maneira de combater tais instituições não seria por meio dos partidos, das associações ou da disputa pela representação política, através de eleições. A melhor maneira de fazê-lo seria garantir a realização da individualidade, num programa que chamará de "individualismo da vontade de harmonia", a partir do conceito do anarquista Han Ryner. Esse individualismo, como escreve, não é o que se associa a uma vontade de dominação e opressão do outro, mas o que seguiria a divisa do oráculo de Delfos: "Conhece-te a ti mesmo", acrescentando a isso uma finalidade: "para aprenderes a amar". Para conhecer-se a si mesmo, seria, portanto, preciso despir-se de todos os preconceitos transmitidos pela tradição, seja na igreja, na escola ou na família, sendo para isso necessário parar de tocar um velho disco na "cabeça-gramofone", que repete o que lhe é ensinado, e sustentar, por vezes, uma postura heroica, "o heroísmo do desertor", compondo a própria música.

A imagem da deserção não é pura alegoria em Maria Lacerda de Moura. É da tranquilidade da comunidade de Guararema que a escritora se endereça ao conturbado ambiente político da época, evocado já na abertura-introdução de *Amai...* O livro, segundo a historiadora Miriam Moreira Leite, é uma coletânea de artigos que tinham sido publicados no jornal anarquista *O Combate*, daí também seu tom de urgência. Fora dali, o clima do Brasil e do mundo da década de 1930 é de instabilidade, ameaça fascista e guerra iminente. Nesse contexto, a relação direta que a autora estabelece entre amar, desertar e conhecer-se a si mesma significa simultaneamente uma profunda conexão com seu tempo e a necessidade de desligar-se dele.

A primeira metade do século xx, momento em que Maria Lacerda de Moura viveu e atuou, foi caracterizada por uma profunda turbulência política: conflitos geopolíticos, revoluções e duas guerras mundiais. É difícil resumir, em poucas linhas, esse período em que se assistiu a uma guerra mundial (1914-18); uma revolução socialista (1917); a explosão do movimento feminista no mundo todo; a ascensão do nazifascismo, a partir da década de 1930; e outra guerra mundial (1939-45), que deixou mais de 60 milhões de mortos, entre civis e militares.

No Brasil, e sua jovem República, instaurada de maneira controversa em 1889, as tensões políticas marcadas por um sistema oligárquico num país desigual em extremo, que, pouco antes e igualmente de maneira controversa, tinha abolido a escravidão, também borbulhavam, mesmo que às vezes de modo mais silencioso no interior rural. Nessa atmosfera de transformação, que enfrentava as estruturas de um país ainda majoritariamente agrário e conservador, machista e racista, é que nasceu, em 1887, Maria Lacerda de Moura, no município mineiro de Manhuaçu. Sua família compunha um estrato social que começava a se formar nos primeiros anos da República: o da baixa classe média, sem ligação com as grandes famílias que detinham o poder político regional e federal.[2] Aos quatro anos, Moura mudou-se com os pais para Barbacena, também em Minas Gerais, e lá se formou, passando a trabalhar como educadora, até se mudar para São Paulo, na década de 1920. Desde os últimos anos em Barbacena até a sua morte em 1945, dedicou-se a pensar, escrever e a participar de iniciativas em prol de uma vida mais digna para muitos daqueles que o sistema político excluía: mulheres, crianças e pobres. Fez parte de ligas pela erradicação do analfabetismo, deu palestras em associações femininas, operárias e anarquistas, viajou pela América do Sul falando sobre a condição da mulher, escreveu para jornais antifascistas, criou e integrou a comunidade rural de Guararema, destruída em 1935 pelas forças policiais do Governo Vargas. Depois disso, viveu dois anos clandestinamente e tentou voltar a morar em Barbacena, mas não se adaptou, até se mudar para o Rio de Janeiro, onde faleceu. Durante todo esse período não parou de escrever, de cortar com suas palavras os conturbados anos que testemunhou, abrindo caminho para outras maneiras de existir, que acreditava mais livres e mais próximas do que entendia como realização da essência da humanidade.

Essa vida marcada pela comunicação permanente com seus contemporâneos foi caracterizada também por uma crítica feroz às ideologias políticas de seu tempo. Sua crítica não se restringia aos setores conservadores, mas se estendia às organizações e partidos de esquerda. Quando lançou *Amai...*, em 1932, a escritora já havia participado e se desligado de associações feministas e anarquistas que ajudara a fundar. A trajetória em zigue-zague de incessante alinhamento e desalinhamento com movimentos políticos de então é um dos traços mais profundos de sua história, assinalada sobretudo pela afirmação de sua singularidade: ou seja, da construção de uma vida original, desobediente aos padrões e aos modelos existentes, mesmo que o preço a pagar por essa originalidade fosse o da solidão. "Repugna-me o crime de mandar e o servilismo de obedecer", escreveria, nesse que foi seu libelo contra toda forma de hierarquia, atacando, ao mesmo tempo, o conservadorismo da sociedade brasileira em que foi criada e a sede totalitária dos fascismos que se formavam no Brasil e no mundo na época. Curiosamente, tal modo de divergência constante foi ainda uma maneira de manter o diálogo aberto com grupos opostos mas que também tinham como objetivo uma sociedade mais justa e mais livre, entretendo assim relação com lideranças como o anarquista José Oiticica, a feminista Bertha Lutz e o comunista Luís Carlos Prestes.

No mais denso estudo sobre o trabalho de Maria Lacerda de Moura,[3] a historiadora Miriam Moreira Leite concluiu que a principal oposição que organiza sua obra não se baseia na dicotomia entre exploradores e explorados, mas naquela entre conformados e rebeldes.[4] Como é possível sentir, com a leitura de *Amai...*, o texto é todo timbrado por essa vibração que ao mesmo tempo convoca a estar junto e impossibilita a adesão imediata, a identificação plena. É a afirmação de uma forma de reunião que se dá na diferença. Emancipar-se, tornar-se livre, nas palavras de Moura, é renunciar a desempenhar papéis sociais que criam vínculos mas também engessam e submetem, sobretudo as mulheres. Como resultado de tal submissão, surge a impossibilidade de amar plenamente. No livro, vemos um repúdio a esses personagens que as mulheres da época eram obrigadas a representar: esposa, prostituta, solteirona, todos eles tendo como referência a subserviência ao sexo masculino, cada um deles com seu sofrimento particular.

> Mutilaram a mulher, através dos preconceitos e das convenções sociais: fizeram dela um ser incompleto e desgraçado no tipo solteirona e resolveram o problema sexual masculino, organizando o mercado das relações sexuais, a prostituição, os *cabarets* e *casinos*, as casas de tolerância, os "recursos", os *rendez-vous* e o caftismo.
>
> É bárbaro o prejuízo da virgindade, da castidade forçada para o sexo feminino, castidade imposta pela lei e pela sociedade, como é bárbara a prostituição "necessária" para resguardar a "pureza" da carne das *jeunes-filles* — (como se a carne virgem contivesse a pureza da consciência, a pureza da alma,) — e para saciar os esfomeados de todas as idades e de todos os estados civis. Também é selvageria a maternidade não desejada, a maternidade imposta pelos maridos comodistas às mulheres ignorantes e duplamente sacrificadas. [p. 161-62]

Para uma mulher poder amar e ser amada, é preciso que se liberte desses lugares sociais castradores e exploratórios. Aí está um dos paradoxos do projeto político do livro: para poder amar, é preciso ter a coragem de sustentar a postura heroica de ser antissocial, fugir das armadilhas que os papéis sociais produzem. Vem também daí, talvez, sua atualidade. Em tempos de hiperexposição pelas redes sociais e seus enquadramentos cada vez mais definidos de formas válidas de vida, como seria renunciar ao reconhecimento pela sociedade?

"Só pela liberdade nos emancipamos. Emancipar-se é conhecer-se. Emancipar-se é realizar-se. Emancipar-se é ficar fora das leis e das convenções sociais, ser tão antissocial quanto possível — sem paradoxo — por amor ao próximo" (p. 101).

Essa proposta confunde o leitor acostumado à ideia de que, para amar o próximo, é preciso estar próximo, completamente identificado, e tem como referencial teórico e político uma mistura de anarquismo, estoicismo e teosofismo, como veremos adiante. Ela foi sendo construída ao longo da trajetória da autora, que também na sua biografia procurou e encontrou caminhos para fugir aos papéis tradicionais que uma moça branca e de classe média baixa, nascida no interior de Minas Gerais, poderia desempenhar no início do século xx. A historiadora Margareth Rago identifica na trajetória de Moura um forte traço de ousadia e coragem para enunciar suas ideias num país "recém-egresso da escravidão e fortemente marcado pelo patriarcalismo".[5] Num tempo em que, ainda mais do que hoje, a legitimidade do discurso era sustentada por homens ricos e brancos, ouvir a voz de Maria Lacerda de Moura é abrir a escuta para esses gestos de coragem e ousadia também de muitas de suas contemporâneas.

O HORROR A TODA FORMA DE AUTORIDADE: IGREJA, ESTADO, PÁTRIA E FAMÍLIA

Toda a obra de Maria Lacerda de Moura, desde os primeiros até os últimos livros, é marcada por uma profunda e feroz crítica à moral cristã. Para a autora, a finalidade dos preceitos da Igreja seria oprimir as mulheres, impedindo-as de amar e ser livres. Além de opressora, a moral cristã seria hipócrita, andando de mãos dadas com o capital e a propriedade, virando as costas às mulheres mais pobres, que seriam assim obrigadas a prostituir-se. A moral religiosa garantiria para a elite brasileira a aparência de um suposto visual moderno, sem mexer nas estruturas sociais que oprimem as mulheres.

> É natural e lógico. A prostituição é um dos esteios mais poderosos da moral religiosa. Às colunas sociais — governos, capital, militares e clericalismo — é preciso acrescentar a coluna central — a prostituição.
>
> É a razão por que toda a sociedade elegante, toda a fina flor do parasitismo dourado espouca *champagne* e brilha o espírito nos salões feéricos onde reinam as prostitutas profissionais e a alta prostituição das negociatas e das intrigas da diplomacia secreta. É no *cabaret*, é no *casino*, é nos hotéis das praias elegantes que as quatro primeiras colunas sociais solidificam a solidariedade das suas fórmulas de defesa: Deus, Pátria e Família! [p. 26]

Numa breve autobiografia que publicou em *O Combate* no ano de 1929, Maria Lacerda de Moura conta que seu horror às formas de autoridade, expressas nessa tríade Deus, pátria e família, surgiu ainda na infância. Educada num colégio de freiras, reconhece no catolicismo mineiro do início do século o exercício de um poder que se instala através do medo e da afirmação da hierarquia e das desigualdades: "[...] percebi o espírito de classe, de casta e a injustiça com que os católicos estabelecem a diferença econômica e de dominismos entre os colegiais e respectivas famílias no trato aos ricos, aos potentados e no desprezo e exploração para com os pobres, os humildes e os de cor".[6]

Seu pai, um homem de classe média, espírita e anticlerical, percebendo a influência do dogmatismo religioso no desenvolvimento da filha, decide mudá-la de escola. Nessa época, as comunidades espíritas eram vistas com maus olhos e perseguidas pela Igreja católica. Como nos conta Miriam Moreira Leite,[7] o anticlericalismo dos espíritas desenvolveu-se como força de oposição clandestina, abrigada por sociedades secretas, principalmente através de lojas maçônicas, que, em muitas cidades brasileiras, "contrapunham à Igreja a liberdade de pensamento, a tolerância religiosa e uma visão científica do mundo".[8]

Se reconhece a influência do pai na sua postura anticlerical que carregou ao longo da vida,[9] no entanto, Maria Lacerda de Moura identifica no meio espírita, assim como na Igreja católica, a presença do medo como afeto agregador e criador de laços sociais. "O medo do inferno foi substituído pelo pavor dos espíritos! Criei-me apavorada em uma atmosfera de horror e de crença."[10] O desejo de expansão e a primeira experiência com as pulsões sexuais já na adolescência foram duramente cerceados, o que acabou por produzir uma timidez excessiva e um fechamento em si mesma. Desde os dezessete anos, quando foi estudar na escola normal de Barbacena, se casou, segundo a própria, "por amor" com o funcionário Carlos Moura, e começou a escrever textos, passou a lutar contra a timidez e o medo do que os outros "poderiam dizer" no qual tinha sido criada.

> Em 1913 comecei a luta de ideias com uma pessoa de minha família! Precisava de mais "moderação". "Que expressões são estas?" "certas verdades não se dizem". "Mais cuidado". "Não fica bem". "Você vai mal"...
>
> Que luta tive que desenvolver contra o que poderiam dizer![11]

O olhar "dos outros", seja da família, seja da sociedade, impunha uma determinada forma de desempenhar papéis sociais que inferiorizavam e reprimiam as mulheres, mas esse olhar externo também era interiorizado através dos processos educacionais e disciplinares. Ou seja, para romper com as imposições desse olhar opressor, era necessário não apenas um ativismo político visando mudar as estruturas de poder institucionais, mas procurar criar outros modos de relação entre homens e mulheres, outras formas de amar.[12] Tal criação exigiria autoconhecimento e uma boa dose de rebeldia. Se o amor "é fonte de vida e é através do Amor que os seres sobem a escalada para uma finalidade mais alta", o real significado do amor vinha sendo deturpado. Onde a moral católica dizia haver amor, o que haveria seria desejo de dominação masculina: "Todo esse cantochão da literatura romântica e do pensamento de rebanho tem como objetivo único o prazer imediato do homem".

Esse desejo de dominação fantasiado de amor romântico, no qual a mulher é o sexo frágil, naturalmente votado à maternidade e ao cuidado, sem direito ao prazer sexual, seria nocivo não só para as mulheres, mas para toda a humanidade. A defesa do amor verdadeiro, que é também o amor plural, na qual a mulher é sujeito e não apenas objeto, seria ainda, para Maria Lacerda de Moura, uma forma de fugir à atração que o fascismo exerce fortemente, no mundo e também no Brasil, nesse início da década de 1930 em que *Amai...* é escrito.

No combate ao fascismo, amor e rebeldia são praticamente sinônimos. Não se trata de estabelecer uma falsa harmonia, silenciar os conflitos e as dissidências, pelo contrário. A rebeldia é necessária a fim de enfrentar as forças autoritárias que impedem a livre expressão e a individualidade plena, a fim de dar força para o corpo saltar por sobre os dogmas. E se, historicamente, essas forças se traduzem na ideologia da Igreja e nos projetos de educação, em 1932 elas se traduzem num movimento perigoso em extremo: o fascismo, o nacional-socialismo e, na versão brasileira, o integralismo.

Nesse ano, ao mesmo tempo que o movimento feminista atinge conquistas importantes no Brasil, garantindo o direito das mulheres ao voto, é criada a Ação Integralista Brasileira, que arrebanhou milhares de seguidores em todo o país com o lema "Deus, Pátria e Família" e uma identificação explícita com o fascismo italiano. Muitas mulheres aderiram ao integralismo, organizando-se em associações femininas que defendiam a obediência e o casamento, seguindo o lema "crer, obedecer e preservar".[13] O movimento também teve apelo entre os jovens, um deles, tragicamente, filho adotivo de Maria Lacerda de Moura, seu sobrinho Jair,[14] o que lhe produziu profunda tristeza.

O elogio do amor plural, como forma de combate ao capitalismo, ao conservadorismo e ao fascismo, emerge desse turbilhão como uma proposta bastante singular e individual, ao mesmo tempo conectada e em diálogo com a efervescência política que caracterizou as décadas de 1920 e 1930 no Brasil. É como se fosse preciso andar no sentido inverso ao do fascismo. Se, neste, há uma associação direta entre o desejo e a unidade totalitária, no culto ao líder, no ódio às diferenças e ao debate político, seria preciso associar o amor ao respeito absoluto às diferenças individuais, ao dissenso, rejeitando todas as imposições de modos de vida que viriam de cima para baixo, sob a forma de uma autoridade. Se o fascismo se encarna na massificação do indivíduo, na crença nas máquinas e numa autoridade patriarcal, a liberdade se encontraria no sentido oposto: no respeito à natureza, no amor e na afirmação de uma existência antissocial, marcada pela diferença e pela valorização da vida das mulheres. Quase um século depois, o caminho na contramão, trilhado por Maria Lacerda de Moura, segue como possibilidade aberta que, se na década de 1930 parecia demasiadamente utópica, noventa anos mais tarde se apresenta como urgente.

DAS LIGAS DE COMBATE CONTRA O ANALFABETISMO AO FEMINISMO

Esse projeto de transformação da sociedade, a partir de uma nova noção de individualidade ancorada no amor, em Maria Lacerda de Moura está profundamente ligado a sua trajetória de educadora. Já nos primeiros anos em Barbacena, estuda para tornar-se professora na escola normal da cidade.

Desde as últimas décadas do século XIX, o acesso à educação era uma das apostas de transformação por parte das camadas médias da população, e as propostas pedagógicas da maioria das escolas ainda eram intensamente dominadas pela educação religiosa católica, sobretudo em Minas Gerais.[15] Apesar de a maior parcela do ensino estar a cargo de ordens religiosas, nessa época tiveram início algumas experiências pedagógicas importantes pelas quais Moura logo se interessou, reconhecendo, como uma de suas mais significativas influências como educadora, o trabalho da italiana Maria Montessori e do educador anarquista Francisco Ferrer, sobre o qual escreveu um livro, em 1934: *Ferrer, o clero romano e a educação laica*. Havia uma disputa entre os projetos de educação que refletiam o embate político do Brasil republicano dos primeiros anos do século xx. Católicos, positivistas e anarquistas apresentavam propostas diversas que dialogavam com seu projeto de país e de sociedade.

Associadas a um positivismo patriótico, na década de 1910 foram criadas as ligas de alfabetização. Em 1915, sob a presidência de Olavo Bilac, nasceu a Liga Brasileira contra o Analfabetismo, reconhecendo este como a grande mazela do Brasil e o principal elemento que o impedia de tornar-se um país civilizado. As ligas difundiram-se pelos estados e municípios; Maria Lacerda de Moura fundou sua filial em Barbacena e dela participou ativamente. Segundo Miriam Moreira Leite, as ligas também tinham como intuito alfabetizar em português os filhos dos imigrantes que chegavam em grande número nessa época, gerando desconfiança nas elites nativas.[16] A questão da educação na Primeira República é igualmente, como todos os processos políticos de então, um imbricado tecido de noções contraditórias, que carrega o desejo de construção de um país independente mas que pretende realizá-lo de modo autoritário e hierárquico. Ideias de renovação do ensino conviviam com a preponderância do ensino religioso, o desejo de educar as crianças negras proveniente dos intelectuais brancos que compunham as ligas contra o analfabetismo vinha carregado de um desejo de disciplinamento e preconceito, muitas vezes insuflado por teses eugenistas de cunho racista que não reconheciam a realidade social e cultural da população negra no Brasil, e, intencionalmente ou não, mantinham o circuito de exclusão e concentração de renda.[17]

No meio dessa teia de contradições, as campanhas pela alfabetização da população tiveram como consequência também a inserção das mulheres na sociedade. Em 1920, no Brasil como em boa parte do mundo, o magistério já era uma profissão eminentemente feminina e a garantia de mobilidade social de moças de classe média que, diferentemente das mulheres de elite, não contavam com o ensino de tutoras estrangeiras. Como escreve Leite:

> O movimento desencadeado pela Liga Nacionalista em torno da "salvação" da população brasileira do atraso econômico e

cultural, incentivou a criação de ligas contra o analfabetismo, que atingiram as localidades mais povoadas do território, fizeram das professoras primárias as transmissoras e praticantes de seu ideário ufanista e patriótico e tinham em mira a população estrangeira e a necessidade de lhes impor um ideário nacionalista.[18]

É dentro desse caldeirão de transformações, desigualdades e discordâncias políticas que mulheres de diferentes partes do Brasil e de diferentes classes sociais questionavam seu lugar na sociedade, sua condição de submissão, legitimados muitas vezes pelo regime patriarcal apoiado na doutrina católica.

Maria Lacerda de Moura aderiu à proposição das ligas pela erradicação do analfabetismo, mas se contrapunha ao patriotismo disciplinar e, nos livros e artigos[19] que escreveu sobre o assunto, defendia que a educação deveria ser uma "poderosa força de transformação social".[20] Isso implicava o ensino sem dogmas religiosos e sem preconceitos de gênero e classe. Ou seja, a educação das mulheres seria um elemento fundamental nesse processo, e não só a das mulheres de classe alta, como era comum imaginar na época. Num dos capítulos do livro *Civilização, tronco de escravos*, publicado em 1931, Moura revolta-se contra a proibição do ingresso da pequena Bibi Ferreira, então com sete anos, no Colégio Sion, com a justificativa de ser filha de um ator já extremamente célebre, Procópio Ferreira. O colégio declarou, na ocasião, não receber nem "filhas de atores, nem crianças de cor, *ainda mesmo* que pertençam à sociedade".[21] A revolta da autora foi grande, lembrando de sua própria experiência no ensino religioso quando criança. Nesse texto, reconhece, nos preconceitos dos colégios católicos da alta burguesia, o primeiro estágio de construção de uma sociedade violenta, opressora e desigual, e desanca ainda o próprio Procópio Ferreira pelo desejo de inscrever a filha numa escola de tal gênero:

> Durante quatro anos frequentei também um Colégio de Irmãs de Caridade — dos seis aos dez anos e bastou esse tempo para eu conhecer de perto o que são as escolas desse gênero. As diferenças de critérios para "julgar" e "castigar" os atos inocentes das meninas ricas das pobres, das brancas e das "de cor", tudo olhado com a severidade do pecado e do inferno — esse bicho-papão de olhos esbugalhados noite e dia em cima da nossa infância envenenada pelo medo — a consideração especial em torno das alunas de famílias ricas e filhas de políticos, a exploração das meninas de cor a serviço das outras — é inacreditável como dentro do século do rádio e da relatividade, de Mme. Curie e de Einstein, de Romain Rolland e de Han Ryner, ainda seja esta educação medieval que se ensina às crianças.[22]

Segundo a pesquisadora Patrícia Lessa, para consolidar essa guinada em que a escritora abandona de vez o ufanismo das ligas de alfabetização em direção a uma educação libertária de orientação anarquista, foi fundamental o encontro com o anarquista José Oiticica. A partir desse encontro é que se teria dado uma ruptura definitiva com o espiritismo e uma aproximação maior com a obra de pedagogos como Maria Montessori e Francisco Ferrer.[23]

Ao longo da década de 1920, intensifica-se ainda a preocupação com uma educação voltada para a emancipação das mulheres, o que levou Moura a uma breve aproximação, entre 1919 e 1922, com o movimento feminista, do qual posteriormente também se dissocia. Suas publicações e seus textos sobre educação fazem com que seja convidada para ministrar diversas palestras em São Paulo, em federações anarquistas, femininas e operárias, e ela se vê cada vez mais envolvida com as causas que defenderia pela vida toda. A mudança de Barbacena acontece em 1921.

SÃO PAULO E O FIM DA CRENÇA NO PROGRESSO

Tudo falhou na nossa civilização tão decantada: governos aristocratas, plutocracias, democracias, parlamentos, revoluções, ditaduras, consulados, monarquias ou repúblicas,

Estado leigo ou poder espiritual, Napoleão ou Mussolini —
tudo brinquedo de crianças perversas, epilepsia ou estado
paranoico, tudo faz descrer desta humanidade de lobos e cordeiros, de senhores e escravos, de brutos insaciáveis e súditos
domesticados até o servilismo dos aplausos aos magarefes da
consciência humana. [p. 48]

Quando Maria Lacerda de Moura chega a São Paulo, em 1921,
encontra na capital um processo lento de industrialização,
em que estão entrando no mercado de trabalho mulheres e
crianças, com salários baixos. As mulheres, como a maioria da
população, estavam excluídas do processo político. A República oligárquica, como aponta a historiadora Maria Efigênia
Lage de Resende, carregava em si um paradoxo. Se a República,
como sistema de governo, deveria representar o interesse
coletivo, as práticas coronelistas que regeram a política republicana até 1930 trataram de excluir das decisões e dos processos de cidadania a maior parte da população.[24] Entretanto,
a exclusão do sistema político institucional não significava que
não houvesse resistência política, ou que os setores excluídos
não protestassem e não se organizassem.

Diante desse novo cenário, grupos se organizavam reivindicando direitos políticos e sociais, tentando de diferentes
formas pressionar o Governo.[25] Anarquistas, socialistas e

positivistas divergiam sobre a melhor maneira de erradicar as desigualdades, mas convergiam no reconhecimento de que a Proclamação da República tinha frustrado as esperanças daqueles que acreditavam nas mudanças.

A realidade do trabalho livre no Brasil, desde a abolição da escravidão, marcava também o viés racista da nova República, no prolongamento do Brasil colônia. Com a abolição, não saíram vitoriosos os projetos de reparação e de inclusão da população negra na sociedade pelos quais haviam lutado os abolicionistas. Em vez disso, desde 1870, o que houve foi um incentivo cada vez maior à importação da mão de obra branca e europeia com a justificativa racista de que era preciso embranquecer o Brasil, a fim de construir uma identidade nacional nos moldes da civilização europeia. Para esses imigrantes, italianos, espanhóis e portugueses, em sua maioria, o estado de São Paulo era o principal destino, e lá eles encontraram condições precárias de trabalho e remuneração.

Diante de tais cenários de profundas e múltiplas desigualdades, intelectuais e artistas debatiam como a modernização do país e sua industrialização crescente poderiam estar vinculadas a um projeto de construção de uma identidade cultural. Desse debate, que explodiu com a Semana de Arte Moderna em São Paulo, em 1922, desdobraram-se várias linhas de interpretação da identidade da nação, das mais utópicas, como os projetos de Oswald e Mario de Andrade, marcados pela valorização do encontro com a diferença e pelo rompimento com a matriz patriarcal da colonização, até os projetos autoritários verde-amarelistas, que desembocaram no integralismo de Plínio Salgado. No Rio de Janeiro, Lima Barreto apontava as contradições de um sonho de modernidade republicana, num país que seguia comandado por homens, brancos e ricos, que constituíam menos de 1% da população e que lucravam com a pobreza e a opressão dos outros 99%. Esses 99%, por sua vez, encontravam modos coletivos e individuais de resistir e de se fazer cada vez mais presentes na vida pública, cultural, política e econômica nacional: desde o surgimento do samba moderno às associações de operários e feministas, as décadas de 1910 e 1920 fervilhavam, apesar das contradições.

A mudança para São Paulo intensificou a desconfiança de Maria Lacerda de Moura em relação aos ideais patrióticos que mobilizavam as ligas de combate ao analfabetismo, e ela passou a rejeitar em seus escritos, cada vez com mais força, as noções de civilização e progresso. Nenhum desses ideais parecia caminhar no sentido de uma sociedade mais livre e igualitária, pelo contrário: em lugar de rejeitarem o conservadorismo religioso que oprimia as mulheres e fortalecia a desigualdade social, os ideais patrióticos se aliavam ao conservadorismo numa valorização da guerra, do fascismo e da posição subalterna das mulheres. A aproximação da escritora com o movimento feminista também será breve, como veremos adiante.

A partir da metade da década de 1920, Moura pensará, cada vez mais, a relação entre transformação social e emancipação da mulher com base na ideia de amor plural, aproximando-se do anarquismo libertário e escrevendo livros como *A mulher é uma degenerada* (1924) e *Religião do amor e da beleza* (1926). Um estudo de Maria Bernardete Ramos Flores mostra como Maria Lacerda de Moura se tornou referência não só no Brasil, mas também na Espanha, no Uruguai e na Argentina, no debate sobre amor livre e política das décadas de 1920 e 1930, entre anarquistas libertários, assumindo protagonismo na discussão. A autora se afasta da ideia de amor livre do anarquista Émile Armand, expresso como camaradagem amorosa, para aproximar-se do pensamento do anarquista e individualista Han Ryner e sua defesa do amor plural. A primeira seria ainda uma forma de manter o privilégio masculino sobre o corpo da mulher, enquanto a segunda, em sua visão, asseguraria a liberdade de escolha da mulher, dando ênfase ao amor que poderia existir independentemente da monogamia e do casamento.

A ligação com Ryner, bastante explícita em *Amai...*, já fora desenvolvida no livro *Han Ryner e o amor plural* (1928), e em vários artigos sobre o tema publicados em revistas anarquistas no Brasil, na Espanha e na Argentina. O amor plural em

Ryner é pensado em associação a uma postura estoica, que rejeita os luxos e supérfluos do capitalismo, num projeto de autoconhecimento que levaria em consideração o cuidado do outro, evitando a objetificação. Algo que transcenderia a relação sexual orgânica e cumpriria a missão da humanidade na Terra. O pensamento de Ryner associa ainda neoestoicismo ao pacifismo e à recusa da guerra.

Em 1928, impulsionada por esses ideais, funda, com outros pacifistas, objetores da consciência e anarquistas libertários, muitos deles europeus exilados e desertores da Primeira Guerra Mundial, a comunidade rural de Guararema, no interior de São Paulo. Nos livros que escreve no período, até 1935, quando a comunidade é desfeita pela perseguição da polícia política de Getúlio Vargas, a compreensão de que os ideais morais da civilização burguesa, ancorados na religião, são propulsores de violência, autoritarismo, guerra e fascismo aguça-se cada vez mais. Em tal hierarquização, as mulheres, sobretudo as mulheres do povo, eram as mais sacrificadas, as que deveriam sempre se submeter. A civilização moralista, baseada no capital e geradora dos fascismos, é necessariamente patriarcal. *Amai...* é não apenas o diagnóstico, mas também a construção de uma solução baseada na individualidade libertária, na busca de harmonia e no amor plural.

A CONDIÇÃO DA MULHER

> A mulher terá de deixar as suas tolas e infantis reivindicações civis e políticas — para reivindicar a liberdade sexual, para ser dona do seu próprio corpo.
>
> É a única emancipação possível, dentro da civilização — mercado humano, tronco de escravos.
>
> Emancipar-se economicamente ganhando a vida pelo seu trabalho e emancipar-se pela liberdade sexual. [p. 174]

> De que serve o direito político para meia dúzia de mulheres, se toda a multidão feminina continua vítima de uma organização social de privilégios e castas em que o homem tomou todas as partes do leão?
>
> De que vale o direito do voto para meia dúzia de mulheres no Parlamento, se essas mesmas continuam servas em uma ordem social de senhores e escravos, exploradores e explorados, patrões capitalistas e assalariados?
>
> Indaguemos do nosso caboclo, eleitor de qualquer cabo eleitoral, se o voto o emancipou, se a sua vida de trabalhador rude não o condena mais à geena da escravidão nas mãos do fazendeiro de café ou do senhor de engenho. [p. 42]

Na leitura de *Amai...* é possível reconhecer uma ruptura bem marcada entre Maria Lacerda de Moura e o movimento sufragista que representava a maior parte do impulso político declaradamente feminista no país. O livro é publicado em 1932, exatamente o ano em que as mulheres brasileiras conquistam o direito ao voto, fruto da organização de um movimento liderado pela feminista e bióloga Bertha Lutz, um dos maiores nomes da história do feminismo nacional. Nas décadas anteriores, o Brasil assistira à expansão das reivindicações das mulheres por direito à educação, ao voto e à cidadania, que começavam a circular na imprensa e nos meios editoriais. As discussões presentes em *Amai...* são também debates travados pelas mulheres de então, a respeito da relação com o amor, a lei, o erotismo e a política. Poetas e ativistas se apropriam da palavra e da escrita para enunciar o desejo e o sofrimento que atravessavam o corpo das mulheres numa sociedade brasileira eminentemente patriarcal. Nesse sentido, é um traço comum da reivindicação das mulheres, desde o fim do século xix, o direito à educação. Aprender a ler e escrever era um pré-requisito não só para participar do sistema político, mas também para se fazer ouvir.[26] Bertha Lutz, que liderava o movimento pelo direito ao voto, tinha um grau de instrução fora do comum para uma mulher de sua época, inclusive para uma mulher de classe média alta. Formada em química pela Sorbonne e concursada pelo Museu Nacional, em 1919, Lutz conta em entrevista o estranhamento de seus pares diante de sua carreira profissional: "[...] Quando fiz o concurso os jornais foram me perguntar se eu era feminista ou se trabalhava porque precisava. Eu respondi que não precisava, que trabalhava porque era feminista e achava que a mulher deve trabalhar como os homens, ter a mesma capacidade e os mesmos direitos".[27]

O sufragismo brasileiro, como aponta Branca Moreira Alves, é um movimento "bem-comportado", cujas lideranças, assim como Lutz, eram em sua imensa maioria mulheres da elite política e financeira da República. Ao longo de décadas, por meio do lobby político e da insistência, conseguiriam, finalmente, em 1932, o direito de voto para as mulheres, com exceção das analfabetas.

Nos escritos de Maria Lacerda de Moura, é fácil identificar dois eixos principais da crítica que faz ao sufragismo, os quais seriam a causa de sua ruptura. Por um lado, o movimento seria elitista: o voto não faria diferença na vida das mulheres mais pobres, como não fazia na vida dos homens do povo. Por outro, o direito ao voto não atacaria o ponto crucial da opressão sobre as mulheres: o controle do corpo e da mente pela obediência ao sexo masculino, garantido pela moral cristã, pelo sistema educacional e pelo Código Civil. As divergências não impediram, contudo, uma amizade entre Moura e Bertha Lutz, que se expressa na correspondência entre as duas, analisada pelas pesquisadoras Angela Maria Souza Martins e Nailda Marinho da Costa.[28]

O rompimento de Maria Lacerda de Moura com o movimento feminista, já em 1921, nos ajuda a entender sua trajetória

Bertha Lutz (1931)
Ao lado, retrato de Maria Lacerda de Moura (sem data)

Acima, capa de edição de 1933 do periódico espanhol *Estudios: Revista Ecléctica*, que publicou diversos textos de Maria Lacerda de Moura. À direita, palestra dela no jornal *Gazeta de Notícias* (1921)

Han Ryner (1861-1938), filósofo anarquista franco-argelino

Escola Normal Municipal de Barbacena (c. 1920)

Casa na comunidade rural em Guararema, onde Maria Lacerda de Moura viveu entre 1928 e 1935

intelectual e política. Nos últimos anos de Barbacena e nos primeiros em São Paulo, a escritora participou de diversos eventos, agrupamentos e associações feministas, e em 1920 chega a fundar, com Bertha Lutz e outras feministas da capital e de Santos, a Liga pela Emancipação Intelectual da Mulher e a Federação Internacional para o Progresso Feminino, que viria a se tornar a maior entidade na defesa do voto feminino. Na correspondência com Bertha Lutz, Moura propõe, ainda na década de 1920, a criação de universidades e do ensino laico e racionalista para emancipar jovens mulheres da influência dos padres e da religião. Já então, o ensino religioso era visto por ela como grande entrave à emancipação feminina, que, nesse primeiro momento, significaria permitir à mulher o acesso ao pensamento racional.

> [...] o plano deveria ser a fundação, sem esmorecimento, apesar de todas as horríveis dificuldades, a fundação de uma escola superior ou melhor uma Universidade com ensino racionalista, científico para o desenvolvimento das faculdades de raciocínio e julgamento, espírito crítico de mulheres já instruídas ou moças inteligentes e enérgicas, núcleo capaz de continuar a propaganda. A fundação de escolas filiadas a esta em todos os estados. Propaganda ativa em todas as principais cidades do interior, arregimentando as mulheres todas num gesto de solidariedade. Propaganda pela imprensa: pelo menos boletins

quinzenais em grande quantidade espalhados por toda parte. Chamar a postos tantos corações generosos de mulheres brasileiras — interessando-as no movimento. Nada disso se pode limitar ao Rio [de Janeiro] — o problema é fazer correr um *frisson* d'entusiasmo por todos os recantos desse grandioso Brasil. [Carta de 21 de outubro de 1920][29]

No entanto, a crença na ciência e na racionalidade vai diminuindo à medida que Maria Lacerda de Moura identifica no discurso científico uma tentativa de legitimar uma suposta inferioridade biológica das mulheres em relação aos homens. Em seus livros, enfrenta essas teses e discute diretamente com esses cientistas, como Cesare Lombroso e Gregorio Marañón. As teses que postulam a fragilidade da mulher e por consequência sua natural submissão ao homem, além de falsas, segundo Moura, seriam fundamentalmente elitistas.

Mais longe: mesmo o esportista será capaz de resistir ao trabalho interminável e consecutivo de uma mulher do campo? Os esportistas levam a vida entre o repouso e a boa alimentação e o esforço violento e rápido. A mulher operária carregadora das docas ou a mulher do campo não conhece repouso, nem massagens, nem lazer.

Seu esforço é vigoroso e continuado, sem quase interrupção.

Marañón se refere decerto às bonecas de salão... [p. 185]

Ao longo da década de 1920, porém, Maria Lacerda de Moura acredita cada vez menos na ideia de uma emancipação puramente intelectual, dentro dos moldes de erudição que orientam a educação de sentido patriarcal.

> Pode ser cultíssima a mulher da "alta" ou da "boa" sociedade, pode falar de Ibsen, de Górki ou de Maupassant, de Anatole, de Voltaire, de Zola ou de Mirbeau, de Sinclair, de Barbusse ou de Romain Rolland, pode discorrer em torno do teatro de Bataille ou de Molière, mas, paira à superfície... é católica apostólica romana, não viu a crítica de Voltaire ou de Molière, não sentiu a ironia do autor inimitável de *Thaïs* ou de *L'Île de Pingouins*. É caridosa, piedosa, crente, não sentiu o sorriso de amargura que paira em todas essas obras na análise dolorosa do problema humano ou da questão social.
>
> E nisso mesmo, ainda imita o homem... [p. 31]

A aposta na emancipação através do acesso ao conhecimento, anteriormente reservado aos homens, e do ingresso no sistema político vai perdendo a força, e Moura envereda cada vez mais por outro caminho, mais próximo ao anarquismo libertário, marcado pela compreensão de que as instituições, fossem elas a Igreja, a escola, a representação política, a família e até a ciência na qual um dia acreditou, não visavam à emancipação da mulher, pelo contrário, desejavam sua submissão.É como se a mulher, para existir, precisasse desertar da sociedade, como um homem deserta da guerra. Nesse caso, a guerra seria cotidiana, silenciosa, atuando sem desvios sobre o corpo da mulher, sobre sua capacidade de pensar, amar, desejar.Assim, *Amai...* seria a convocação a uma espécie de greve, no sentido contemporâneo conferido por teóricas e ativistas feministas como Verónica Gago. Em tal greve, interrompe-se o funcionamento de um corpo feminino transformado em máquina, sem alma, fosse pela prostituição, pelo celibato, mas sobretudo pela maternidade forçada. No livro, a defesa do *amor plural* se associa diretamente à noção de *maternidade consciente*.

> [...] não é a filantropia, não é a caridade, não é a instrução superior, nem é o direito de voto e nem são os direitos civis e nem é o esporte, nem é o mundanismo elegante ou o sacrifício inútil da castidade absoluta que resolverão os problemas humanos ou os problemas individuais.
>
> O problema humano no seu caráter social é um problema sexual.
>
> E a solução só pode ser encontrada na liberdade sexual, na Maternidade consciente. [p. 139-40]

A maternidade imposta, atualmente chamada pelo movimento feminista de maternidade compulsória, é pensada por

Moura como uma forma de escravidão, assim como o trabalho assalariado. A moral católica, a repressão sexual e uma educação opressora, que cria homens e mulheres prontos para obedecer à lógica da guerra e do capital, são simultaneamente causas e consequências dessa imposição. Para libertar a humanidade, portanto, seria preciso em primeiro lugar libertar as mulheres da obrigação da maternidade e do casamento, abolindo inclusive o direito à paternidade. Lembrando que, de acordo com o Código Civil de 1916, a legislação brasileira dava pleno direito ao homem sobre os filhos e sobre a família, estando a mulher no grupo dos reconhecidos como incapazes, o que vigorou até 1962. Eis o programa de Maria Lacerda de Moura em relação à maternidade consciente, resumido neste parágrafo de *Amai...*:

> [...] a mulher superior, a mulher moderna consciente, não a sufragista ou a literata dos salões *chics*, a *bas-bleu* acadêmica ou a campeã de esportes, mas, a mulher verdadeiramente superior — não mais quer ser a "mãe de escravos", e, por isso, se vai revoltando contra a ideia do "senhor", do proprietário legal.
>
> Quer ser livre e quer livres os seus filhos. Daí a necessidade de aprender a ter coragem para registá-los como "filhos de pai desconhecido" — se esse pai não está à altura da paternidade consciente, e... talvez, fosse preferível nem mesmo registá-los, não fazê-los cidadãos, servos do Estado e carne para os canhões... [p. 146-47]

Contra essa família imposta, na qual o homem ocupa um lugar de senhor escravocrata, surgiria um novo ideal de família, que, para existir, precisa que a mulher seja livre para escolher seus parceiros e se quer ou não ser mãe. Só assim seria possível a realização do encontro amoroso e sexual pleno. Há aqui uma aproximação com Freud, e um reconhecimento de que a psicanálise teria olhado para o sofrimento no corpo das mulheres. Entretanto, Maria Lacerda de Moura em seguida marca uma diferença com o psicanalista, identificando no pensamento de Freud uma excessiva genitalização do sexo. A relação sexual seria pensada como uma questão orgânica, como "fome", e não a partir do encontro amoroso, em seu caráter mais "nobre". Outro problema da obrigação da maternidade seria a superpopulação do planeta, que levaria a uma escassez de recursos e à guerra. Aqui as ideias de Moura convergem para o neomalthusianismo, ao qual aderem muitos anarquistas, que associam a defesa dos direitos da mulher à concepção à necessidade de controle populacional. Tal aproximação com o neomalthusianismo lhe rende crítica feroz de Pagu, a feminista socialista Patrícia Galvão, numa coluna de seu jornal, *A Mulher do Povo*. Para Pagu, esse pensamento seria elitista, e antirrevolucionário.[30] Os embates e divergências entre Maria Lacerda de Moura, Pagu e Bertha Lutz acerca do melhor caminho para a emancipação das mulheres na sociedade brasileira mostram que a discussão estava a todo vapor no Brasil das décadas de 1920 e 1930. As sucessivas ditaduras do Estado Novo, de 1937 a 1945, e a civil-militar, de 1964 a 1985, procuraram silenciar as vozes que furaram o bloqueio hierárquico e criaram fissuras irreparáveis no edifício que sustentava a desigualdade na sociedade brasileira de base escravocrata e patriarcal. Em *Religião do amor e da beleza*, livro de 1926, Moura escrevia:

> [...] uma mulher que escreve, o simples fato de uma mulher escrever entre nós, é motivo de ridículo, de zangas, de discussões, de má vontade, da família inteira, de cotoveladas e protestos [...]
>
> [...] já não é apenas o companheiro que se insurge, é toda uma legião de parentes [...] vamos de encontro aos gostos da maioria e podemos ficar malvistas [...]
>
> Ideias? É imperdoável e até impertinente na mulher. "Ninguém te compreende", dizem de todos os lados. Como se escrevêssemos para sermos compreendidas por toda a gente.[31]

Noventa anos depois da publicação de *Amai...*, são muitas as forças que tentam reconstruir e vedar esse prédio autoritário e desigual. Mas as vozes que ainda ecoam e que abriram passagens de ar em sua arquitetura sufocante nunca se calarão.

AMAI... EM TEMPOS DE ÓDIO

Muitas águas correram nesses tantos anos que se seguiram à primeira edição de *Amai... e não vos multipliqueis*. Se o posfácio a esta nova edição fosse um epílogo, o que escreveríamos?

Depois da repressão à comunidade de Guararema, Maria Lacerda de Moura ainda viveu clandestinamente por um tempo no interior do estado de São Paulo, até que em 1937 voltou para Barbacena, cuja sociedade conservadora, segundo Miriam Moreira Leite, a recebeu com frieza e hostilidade. Em 1938, mudou-se para o Rio de Janeiro, onde passou os últimos sete anos da sua vida. Morreu em 1945, antes do fim da Segunda Guerra Mundial e da ditadura de Getúlio Vargas, que terminaram nesse mesmo ano. No Rio, morou no bairro de Fátima e trabalhou como astróloga na Rádio Mayrink Veiga. A adesão à astrologia confirma que a crítica aos dogmas religiosos expostos em sua obra nunca significou rejeição ao que a historiadora Patrícia Lessa chamou de espiritualidade. A proximidade com o misticismo e com o que na época ficou conhecido como ciências ocultas e a referência a autores como Helena Blavastky, que na década de 1920 também fascinou poetas como Fernando Pessoa, permaneceram. Ainda segundo Miriam Moreira Leite, a aproximação com o pensamento de Han Ryner "funcionou como um apoio e um elo de coesão entre a sua prática educacional de cunho político e suas aspirações místicas de autoconhecimento".[32]

Talvez dessas aspirações ascéticas de fundo místico venha também o tom de superioridade moral que reveste a rebeldia de Maria Lacerda de Moura, por vezes, de uma roupagem antiquada. Segundo Miriam Leite, a escritora preferiu sempre a "palavra preciosa" à "palavra precisa", o que teria dificultado a transmissão do pensamento.[33] Tal ambiguidade entre ascetismo e rebeldia que atravessa todo o texto pode ser reconhecida já no título, *Amai e... não vos multipliqueis*. O sarcasmo da convocatória vem com as reticências, que agem como uma pausa, uma suspensão do tempo, interrompendo assim a determinação de Javé a Adão e Eva no livro do Gênesis da Bíblia.[34] É como se, com essa pausa rebelde, igualmente o patriarcado entrasse por uns instantes em estado de suspensão e a legião de mulheres procriadoras pudesse por fim se dar tempo para começar a pensar em sua própria condição. Suspender a ordem em prol de um amor sem objetivo, um amor enfim livre, sem a obrigatoriedade da procriação, sem o final feliz dos contos de fada. Um amor que pode acontecer de muitas maneiras. Daí viria a "religião do amor e da beleza" capaz de refazer uma humanidade machucada e reprimida pela ordem patriarcal e conservadora.

A manutenção do imperativo, na segunda pessoa do plural, porém, constrói também um tom profético: *Amai*. E como num personagem de Nietzsche — autor que desagradava a Moura —, desses que falam sozinhos no palanque da praça enquanto ninguém ouve, é uma estranha forma de autoridade que ressurge aqui. Maria Lacerda de Moura nunca negou sua busca da elevação do espírito e sua referência em grandes figuras reconhecidas pela sabedoria e pela abnegação, como Sócrates, Jesus e Gandhi. É verdade ainda que nessa busca da elevação ela muitas vezes se aproximou de uma ideia normativa de natureza, na qual a heterossexualidade aparece como orgânica, e inclusive da valorização eugênica do corpo saudável, como aponta Maria Bernardete Ramos Flores.[35] A crítica à prostituição também com frequência adquire um tom moralista que certamente seria objeto de duras reprimendas em várias correntes do feminismo contemporâneo, que desde a década de 1980 questiona a ideia de que haveria uma única forma de liberdade sexual.

Mas há algo de extremamente atual nos escritos dessa mulher mineira, do princípio do século XX, autointitulada desertora e antissocial, que ainda faz vibrar o seu texto, tantos anos depois. Por exemplo, quando nos convoca a pensar fora da cabeça-gramofone, que hoje em dia poderíamos traduzir por cabeça-conectividade-permanente, na qual o olhar do outro, através de curtidas, *likes* e corações, determina nosso lugar no mundo.

UM EPÍLOGO FEMINISTA

Ainda pensando na enxurrada de acontecimentos desde o início do século XX que desembocaram no XXI, é possível reconhecer os diferentes momentos pelos quais passou a luta das mulheres. Momentos muitas vezes identificados pela historiografia como ondas, movimentos que começam "difusos e imperceptíveis e aos poucos se avolumam em direção ao clímax", na definição de Constância Lima Duarte.[36] As ondas do feminismo no Brasil se relacionam com a trajetória do movimento ao redor do mundo, mas bifurcam-se também em razão das especificidades da história nacional. Aqui, os reveses da democracia, que se expressam nas sucessivas ditaduras e governos autoritários, na desigualdade social e no racismo estrutural, fruto da reparação inexistente do passado de escravidão, marcam indelevelmente a luta das mulheres, impedindo que seja possível separar essas formas de opressão.[37] Talvez seja afinal mais possível substituir a ideia de onda pela de maré feminista, como propõe Cecilia Palmeiro do movimento argentino Ni Una Menos,[38] reconhecendo um movimento que atravessa fronteiras mas que também é marcado por contextos específicos de lutas. Ao estudarmos a trajetória de Maria Lacerda de Moura e a relação dela com suas contemporâneas, percebemos que já na década de 1920 é possível identificar no Brasil o que na década de 1960 ficou marcado como ponto fulcral da luta feminista: a relação entre o que é considerado íntimo e aquilo que é relacionado à esfera pública e à política. As separações entre o público e o privado, corpo e mente, individual e político estruturam as formas de conhecimento no

Ocidente, organizando os sistemas políticos e a esfera da garantia dos direitos. Nesse modo de organização, todos aqueles que não fossem reconhecidos como proprietários do próprio corpo estavam de antemão excluídos da esfera pública e por conseguinte da possibilidade de viverem plenamente sua vida, ou seja, de acederem àquilo que o mesmo Ocidente tanto valorizou: "liberdade". Negros, indígenas, judeus, muçulmanos, ciganos, mulheres, crianças, loucos, gays, são muitos os que alguma vez ficaram de fora da civilização das Luzes e tiveram sua vida nas mãos de outros. No Brasil e na América Latina em geral, esse grupo de excluídos era e ainda é a maioria. No país em que a escravização de homens e mulheres negros e negras, descendentes de africanos, durou longos 338 anos que continuam reverberando nas desigualdades e na violência estatal, pensar em liberdade necessariamente significou pensar em luta contra a opressão. Na obra de Maria Lacerda de Moura, a referência ao recente passado histórico da escravidão poucas vezes surge enunciada diretamente, apesar da presença constante da crítica ao racismo. A recusa a uma subjetividade escrava aparece em seu texto sem nenhuma referência histórica, como por vezes se tratasse de uma realidade abstrata. Sintoma que pode ser expressivo do modo oficial como o Brasil republicano lidou com a questão, influenciando os pontos de vista da população branca, não obstante empobrecida. Essa pretensa universalidade da categoria *mulher*, em que muitas vezes está subentendido que os dilemas e problemas enfrentados são os das mulheres brancas, vem sendo questionada por pensadoras e ativistas do feminismo negro, sendo episódio marcante de tal discussão o discurso da abolicionista Sojourner Truth, nos Estados Unidos, na convenção sufragista de 1853, que ficou conhecido como "Não sou uma mulher?". Nele, Truth questiona a ideia da mulher como sexo frágil, contando sua própria experiência quando escravizada:

> Olhem para mim! Olhem para meu braço! eu capinei, eu plantei, juntei palha nos celeiros e homem nenhum conseguiu me superar! E não sou uma mulher? Eu consegui trabalhar e comer tanto quanto um homem — quando tinha o que comer — e também aguentei as chicotadas! E não sou uma mulher? Pari cinco filhos e a maioria deles foi vendida como escravos. Quando manifestei minha dor de mãe, ninguém, a não ser Jesus, me ouviu! E não sou uma mulher?[39]

O feminismo negro no Brasil tem erguido sua voz, sobretudo a partir do final da década de 1970 e da redemocratização, através de nomes como Lélia Gonzalez, Maria Beatriz Nascimento, Sueli Carneiro e muitos outros, pensando nas interseções entre racismo e sexismo e questionando algumas pautas de um ativismo feminista majoritariamente branco. Nessa perspectiva, a discussão sobre o controle da natalidade precisa ser pensada de diferentes ângulos, para escapar a possíveis armadilhas racistas de um discurso eugênico de interdição à maternidade negra.[40] Sem escapar de pontos cegos de sua formação no Brasil da década de 1920, entretanto, Maria Lacerda de Moura mostra uma enorme desconfiança em relação a uma suposta liberdade de alguns e algumas num sistema que extenuava o corpo e a vida de uma imensa maioria. E com essa descrença, talvez mais que desconfiança, construiu-se o gesto de sua deserção, que também significou a busca do amor. Lutar contra a opressão, em Moura, era também conquistar o direito a amar. Sabemos que em 1925 a autora se divorcia de seu marido, Carlos Ferreira de Moura, com quem havia se casado aos dezessete anos. Pouco sabemos de sua aproximação com o anarquista libertário André Neblind, com quem vive na comunidade de Guararema até a deportação dele para a França em 1937. Na verdade, a biografia amorosa importaria pouco, se não soubéssemos o que representava o divórcio para uma mulher no Brasil da década de 1930. O direito das mulheres ao divórcio só foi conquistado, após intensa luta feminista, em 1977.

Lutar contra a sociedade burguesa e patriarcal era também afirmar outra forma de relação entre mulheres e homens, num mundo marcado pela hostilidade, pelo desejo incontrolável de dominação, expresso concretamente nos movimentos fascistas de então e no modo corriqueiro como a violência doméstica e o feminicídio, tantas vezes denunciado por Moura, eram tratados. O elogio do amor aqui não é o do amor romântico, que oprime e enclausura as mulheres. O que está em jogo é um amor livre e plural, em que a mulher é sujeito e não objeto, é corpo e, por que não, alma. No qual a mulher não se curva, amor que está irmanado com o prazer sexual e que não pode nunca ser confundido com servidão. Não é o amor da mãe que trabalha e cuida de todos em casa, sozinha, nem o da que reprime seu gozo, da que se coloca em segundo plano, da que se deixa ser explorada pelos patrões e é reconhecida como funcionária-padrão.

Maria Lacerda de Moura não foi a única a propagar que o amor é a maior arma contra o fascismo e o machismo. Antes dela, Alexandra Kollontai na Rússia revolucionária havia publicado *A nova mulher e a moral sexual*. Na Alemanha de sua época, o psicanalista Wilhelm Reich também notava a relação direta entre repressão sexual e fascismo. No Brasil da década de 1970, a feminista Rose Marie Muraro, em plena ditadura civil-militar, reconhecia a importância de pensar a vida sexual das mulheres como motor de transformação social. Na década de 1980, período de abertura do regime autoritário, o psiquiatra Roberto Freire postulava que "sem tesão não há solução".[41] Em 2015, mulheres brasileiras de todas as idades foram às ruas e às redes sociais denunciar a tristeza de se relacionar num país infelizmente ainda marcado pela violência contra a mulher, onde o número de casos de assédio, violência doméstica e feminicídios não para de aumentar. A maior contribuição de Maria Lacerda de Moura talvez tenha sido a maneira inextricável como entrelaçou amor e liberdade, afirmando sem medo, no Brasil da décadas de 1920 e 1930, que não é possível ser livre sem amar, nem amar sem ser livre! O que implica que não há liberdade em oprimir, nem amor que pretenda dominar ou ser dominado. Num momento em que o fantasma do fascismo ronda o mundo e que, no Brasil, homens e mulheres fazem gestos com a mão simbolizando armas e morte, a leitura de Maria Lacerda de Moura e de sua convocatória à deserção se faz, mais do que nunca, urgente.

NOTAS

——

AMAI E... NÃO VOS MULTIPLIQUEIS (P. 10-258)

1 Nesta edição, atualizou-se a ortografia e mantiveram-se a pontuação e a sintaxe da edição original, de 1932.

——

POSFÁCIO (P. 261-315)

1 Maria Lacerda de Moura escreve em algumas ocasiões sobre a transformação do amor em amizade no seu casamento. Na dedicatória a Carlos Moura no livro *A mulher é uma degenerada*, de 1924, diz haverem se tornado "apenas dois grandes e verdadeiros amigos" e exalta a "alma estoica" do até então marido. Na autobiografia publicada no jornal *O Combate* em 1929, diz que a separação é iminente: "Assim meu marido pelo seu nobre caráter e eu, defendendo minha dignidade de ser livre, talvez acabemos nos divorciando dessa comédia do casamento legal". Apud Miriam Moreira Leite, *Outra face do feminismo: Maria Lacerda de Moura*, p. 148.

2 Leite, op. cit.

3 Ibidem.

4 Ibidem.

5 Margareth Rago, em Jorge Ferreira e Daniel Aarão Reis, *As esquerdas no Brasil*. V. 1: *A formação das tradições*.

6 Apud Leite, op. cit., p. 145.

7 Ibidem, p. 10.

8   Interessante lembrar que Carolina Maria de Jesus, importante escritora brasileira, filha de uma família pobre na pequena cidade de Sacramento, no interior de Minas Gerais, conta em suas memórias que aprendeu a ler e escrever numa escola kardecista, onde era a única estudante negra.

9   "A meu pai devo muitíssimo do meu caráter. Venero a sua memória como qualquer cousa de santo dentro de mim mesma." Apud Leite, op. cit., p. 148.

10   Apud Leite, op. cit.

11   Ibidem, p. 148.

12   Ao reconhecer isso, Moura, assim como outras feministas que a sucederam, antecipou a noção de biopoder de Michel Foucault. O biopoder, ou seja, o controle da vida por parte do poder soberano, materializa-se numa força externa, disciplinadora e normatizadora que incide sobre os corpos e as subjetividades, docilizando-as e adestrando-as (Foucault, *História da sexualidade. I: A vontade de saber*, p. 151).

Para Foucault, o processo de formação do sujeito moderno é totalmente dependente desse ideal normativo que instaura um modelo de bom comportamento e obediência. Nessa perspectiva, o poder não age somente através de uma ação externa que tem o seu lugar nas instituições normativas (escola, hospital, presídio, hospício etc.), mas também ganha força à medida que se interioriza na consciência.

Judith Butler chama a atenção para esta relação paradoxal que se estabelece na obra de Foucault entre assujeitamento e subjetivação. A palavra francesa *assujettissement* pode se referir tanto ao processo de formação da subjetividade como a um movimento de sujeição (Butler, *The Psychic Life of Power: Theories in Subjection*, p. 84).

Esse assujeitamento que submete o indivíduo desde sua própria interioridade não é decorrência somente do encarceramento nas instituições penais. Como aponta Butler, para Foucault a metáfora da cadeia funciona como ponto de partida para a teorização da própria sujeição sofrida pelo corpo na modernidade. É a própria consciência, ou alma, como chama o filósofo, que exerce a tarefa de adestrar o corpo a partir desse ideal normativo.

13 Maio e Cytrynowicz, em Lucília de Almeida Neves Delgado e Jorge Ferreira (org.), *O Brasil republicano*. Livro 1: *O tempo do liberalismo excludente — da Proclamação da República à Revolução de 1930*.

14 Em artigo intitulado "Profissão de fé", de 1935, publicado na revista *A Lanterna*, Maria Lacerda de Moura escreveu:

> Há meia dúzia de dias tive a confirmação: não só Jair é integralista, como até já é tenente.
>
> Pois bem. Meu filho adotivo morreu.
>
> Somos a ponte entre duas épocas. Não é mais possível nenhuma atitude ambígua.
>
> Ele é soldado da Igreja, do Despotismo, do Terror, da Violência pela Violência.
>
> Eu, de há muito me alistei no exército da Paz, e defendi pela razão e pelo coração, a Liberdade — contra a autoridade.

Apud Leite, op. cit., p. 150.

15 Leite, op. cit., p. 8.

16 Leite, op. cit., p. 15.

17 Pombo de Barros, em Jeruse Romão (org.), *História da educação do negro e outras histórias*, p. 279. Os processos educacionais no Brasil da década de 1920 são atravessados por conflitos em que diferentes forças sociais se chocam. Sobre a escolarização de crianças negras em São Paulo nesse período, ver Marcia Luiza Pires de Araújo, *A escolarização de crianças negras paulistas (1920-1940)*.

18 Leite, op. cit., p. 15. Já no século XIX, segundo June Hahner, o magistério era uma opção para feministas e mulheres brasileiras em busca de autonomia. Esse é o caso de Nísia Floresta (1810-85), que, ainda jovem, divorciada do primeiro marido, viúva e mãe de dois filhos, estabeleceu-se no Rio de Janeiro, onde fundou uma escola (Hahner, *A mulher brasileira e suas lutas sociais e políticas 1850-1937*, p. 31). Nos livros que escreve, como *Direitos das mulheres e injustiça dos homens*, Nísia Floresta já pensava na relação direta entre acesso à educação e emancipação da mulher. Sobre isso, ver Constância Lima Duarte, em Heloisa Buarque de Hollanda (org.), *Pensamento feminista brasileiro: formação e contexto*. É também o caso da abolicionista negra Maria Firmina dos Reis, considerada a primeira romancista brasileira. Sobre sua obra, ver Régia Agostinho da Silva, *A escravidão no Maranhão: Maria Firmina dos Reis e as representações sobre escravidão e mulheres no Maranhão na segunda metade do século XX*. Tese (Doutorado em história) — São Paulo: Universidade de São Paulo, 2013.

19 Entre eles destaca-se *Lições de pedagogia* (1925).

20 Em *A mulher é uma degenerada* (1924). Apud Leite, op. cit., p. 79.

21 Moura, *Civilização, tronco de escravos*, Patrícia Lessa e Cláudia Maia (org.).

22 Ibidem, p. 107.

23 Ibidem, p. 41.

24 Maria Efigênia Lage de Resende, em Lucília de Almeida Neves Delgado e Jorge Ferreira (org.), *O Brasil republicano*. Livro 2: *O tempo do nacional-estatismo — do início da década de 1930 ao apogeu do Estado Novo*.

A Constituição de 1891 proibia expressamente o voto de pessoas analfabetas e mendigos, mas não fazia menção explícita ao voto feminino. Essa omissão, segundo Céli Regina Pinto, devia-se ao fato de as mulheres nem sequer serem consideradas cidadãs. Entretanto, muitas mulheres individualmente requereram na Justiça o direito ao voto.

25 Claudio H. M. Batalha, em Delgado e Ferreira (org.), op. cit.

26 Constância Lima Duarte, em Hollanda (org.), op. cit.

27 Apud Branca Moreira Alves, em Hollanda (org.), op. cit.

28 Angela Maria Souza Martins e Nailda Marinho da Costa, "Movimento feminista e educação: cartas de Maria Lacerda de Moura para Bertha Lutz (1920-1922)", *Revista Contemporânea de Educação*, v. 11, n.º 21, jan.-jul. 2016.

29 Em Martins e Costa, op. cit.

30 "Estas feministas de elite que negam o voto aos operários e trabalhadores sem instrução, porque não lhes sobra tempo do trabalho forçado a que se têm que entregar para a manutenção dos seus filhos, se esquecem que a limitação de natalidade quase que já existe mesmo nas classes mais pobres e que os problemas todos da vida econômica e social ainda estão para ser resolvidos. Seria muito engraçado que a ilustre poetisa d. Maria Lacerda de Moura fosse ensinar a Lei de Malthus ao sr. Briand, para que ele evitasse a guerra mundial atirando à boca ávida dos imperialistas gananciosos, um punhado de livros sobre maternidade consciente. Marx já passou um sabão no celibatário Malthus, que desviava o sentido da revolução para um detalhe que a Rússia por exemplo já resolveu. O materialismo solucionando problemas maiores faz com que esse problema desapareça por si. O batalhão 'João Pessoa' do feminismo ideológico tem em d. Maria Lacerda de Moura um simples sargento reformista que precisa estender sua visão para horizontes mais vastos a fim de melhor atuar no próximo Congresso de Sexo" (Pagu, *Pagu: vida e obra*).

31 Apud Leite, op. cit., p. 101.

32 Ibidem, p. 88.

33 Ibidem, p. 130.

34 "E Deus os abençoou e lhes disse: Sede fecundos, multiplicai-vos, enchei a terra e sujeitai-a; dominai sobre os peixes do mar, sobre as aves dos céus e sobre todo animal que rasteja pela terra" (Gênesis 1:28).

35 Maria Bernardete Ramos Flores, "O destino indelével do desejo: o sonho do amor plural entre anarquistas libertários", *Revista Estudos Feministas*, Florianópolis, 28 (3).

36 Lima Duarte, em Hollanda (org.), op. cit., p. 26.

37 Heloisa Buarque de Hollanda, *Explosão feminista: arte, cultura, política e universidade*.

38 "Ni Una Menos e a greve internacional de mulheres". Disponível em: https://www.youtube.com/watch?v=QYIwZ7tIV-8&list=PL-GjTAAEw9hYMc9H7ahi30KxbvTbgtsGU3&index=7. Acesso em 12 jan. 2022.

39 "Sojourner Truth". Disponível em: https://www.geledes.org.br/sojourner-truth/. Acesso em: 12 jan. 2022. Ainda sobre Sojourner Truth, ver Djamila Ribeiro, *O que é lugar de fala?*.

40 Sobre a pauta do aborto de uma perspectiva interseccional, ver Nathália Diórgenes Ferreira Lima e Rosineide de Lourdes Meira Cordeiro, "Aborto, racismo e violência: reflexões a partir do feminismo negro", *Em Pauta*, Revista da Faculdade de Serviço Social da UERJ, Rio de Janeiro, v. 18, n.º 46, 2.º sem. 2020, p. 101-17.

41 Sobre a somaterapia, pesquisa e a prática terapêutica desenvolvida por Roberto Freire, ver João da Mata, *Introdução à soma: terapia e pedagogia anarquista do corpo*.

BIBLIOGRAFIA

LIVROS

Butler, Judith. *The Psychic Life of Power: Theories in Subjection*. Stanford: Stanford University Press, 1997.

Delgado, Lucília de Almeida Neves; Ferreira, Jorge (org.). *O Brasil republicano*. Livro 1: *O tempo do liberalismo excludente — da Proclamação da República à Revolução de 1930*. Rio de Janeiro: Civilização Brasileira, 2003.

_____. *O Brasil republicano*. Livro 2: *O tempo do nacional-estatismo — do início da década de 1930 ao apogeu do Estado Novo*. Rio de Janeiro: Civilização Brasileira, 2008.

Ferreira, Jorge; Reis, Daniel Aarão. *As esquerdas no Brasil*. V. 1: *A formação das tradições*. Rio de Janeiro: Civilização Brasileira, 2007.

Foucault, Michel. *História da sexualidade*. 1: *A vontade de saber*. Rio de Janeiro: Graal, 1988.

Gago, Verónica. *A potência feminista ou o desejo de transformar tudo*. São Paulo: Elefante, 2020.

Hahner, June E. *A mulher brasileira e suas lutas sociais e políticas 1850-1937*. São Paulo: Brasiliense, 1981.

Hollanda, Heloisa Buarque de. *Explosão feminista: arte, cultura, política e universidade*. São Paulo: Companhia das Letras, 2018.

_____ (org.). *Pensamento feminista brasileiro: formação e contexto*. Rio de Janeiro: Bazar do Tempo, 2019.

Leite, Miriam Moreira. *Outra face do feminismo: Maria Lacerda de Moura*. São Paulo: Ática, 1984.

Lessa, Patrícia. *Amor e libertação em Maria Lacerda de Moura*. São Paulo: Entremares, 2020.

Mata, João da. *Introdução à soma: terapia e pedagogia anarquista do corpo*. Rio de Janeiro: Circuito, 2020.

Moura, Maria Lacerda de. *A mulher é uma degenerada*. 4.ª ed. comentada. Org. e ed. de Fernanda Grigolin. São Paulo: Tenda de Livros, 2018.

_____. *Civilização, tronco de escravos*. Org. de Patrícia Lessa e Cláudia Maia. São Paulo: Entremares, 2020.

_____. *Han Ryner e o amor plural*. São Paulo: Unitas, 1933.

_____. *Ferrer, o clero romano e a educação laica*. Disponível em: https://anarkio.net/wp-content/uploads/2020/03/ferre_educa_laica_MLM.pdf. Acesso em: 12 jan. 2022.

Muraro, Rose Marie. *Sexualidade da mulher brasileira*. São Paulo: Vozes, 1983.

Pagu. *Pagu: vida e obra*. Org., sel. de textos, notas e roteiro biográfico de Augusto de Campos. São Paulo: Companhia das Letras, 2014.

Romão, Jeruse (org.). *História da educação do negro e outras histórias*. Brasília: Ministério da Educação; Secretaria de Educação Continuada, Alfabetização e Diversidade, 2005.

ARTIGOS ACADÊMICOS

Ferreira, Denise Cristina et al. "História da educação no Brasil: a proposta educacional de Maria Lacerda de Moura". Anais COPRECIS. Campina Grande: Realize, 2017. Disponível em: https://editorarealize.com.br/artigo/visualizar/31235.

Flores, Maria Bernardete Ramos. "O destino indelével do desejo:

o sonho do amor plural entre anarquistas libertários". *Revista Estudos Feministas*. Florianópolis, 28 (3).

Lima, Nathália Diórgenes Ferreira; Cordeiro, Rosineide de Lourdes Meira. "Aborto, racismo e violência: reflexões a partir do feminismo negro". *Em Pauta*, Revista da Faculdade de Serviço Social da UERJ, Rio de Janeiro, v. 18, n.º 46, 2.º sem. 2020, p. 101-17.

Martins, Angela Maria Souza; Costa, Nailda Marinho da. "Movimento feminista e educação: cartas de Maria Lacerda de Moura para Bertha Lutz (1920-1922)". *Revista Contemporânea de Educação*, v. 11, n.º 21, jan.-jul. 2016.

TESE E DISSERTAÇÃO

Araújo, Marcia Luiza Pires de. *A escolarização de crianças negras paulistas (1920-1940)*. Tese (Doutorado em educação) — São Paulo: Universidade de São Paulo, 2013.

Miranda, Jussara Valéria de. *Recuso-me: ditos e escritos de Maria Lacerda de Moura*. Dissertação (Mestrado em história) — Uberlândia: UFU, 2006.

LIVROS SOBRE HISTÓRIA DO FEMINISMO

Alves, Branca Moreira; Pitanguy, Jacqueline. *O que é feminismo?* São Paulo: Brasiliense, 1981. Coleção Primeiros Passos.

Pinto, Céli Regina Jardim. *Uma história do feminismo no Brasil*. São Paulo: Fundação Perseu Abramo, 2003.

Ribeiro, Djamila. *O que é lugar de fala?*. Belo Horizonte: Letramento; Portal Justificando, 2017.

Schumaher, Schuma. *Dicionário mulheres do Brasil — de 1500 até a atualidade*. Rio de Janeiro: Jorge Zahar, 2001.

CRÉDITOS DAS ILUSTRAÇÕES

p. 9: Acervo Edgar Leuenroth

p. 294 e 296 (à direita): Fundo Federação Brasileira pelo Progresso Feminino/Arquivo Nacional

p. 295: Fundo Correio da Manhã/Arquivo Nacional

p. 297: Alamy/Fotoarena

p. 299: Foto retirada de *Maria Lacerda de Moura: trajetória de uma rebelde*, direção de Ana Lúcia Ferraz e Miriam Moreira Leite. São Paulo: Laboratório de Imagem e Som em Antropologia (LISA-USP), 2003

Este livro foi composto em Freight text em janeiro de 2022.